バクノビ

子どもの底力を圧倒的に引き出す339の言葉

爆《バク》伸《ノビ》

ビリギャル著者
坪田信貴

本書の使い方

本書は、最新の心理学に基づく手法や声がけを駆使《くし》して、1300人以上の受験生の偏差値《へんさち》を短期間で10～40急伸させてきた著者《ちょしゃ》（塾《じゅく》講師・経営者）の「人材育成メソッド」の全貌《ぜんぼう》を、簡潔《かんけつ》な語録集《ごろくしゅう》という形にまとめたものです。

必ずしも、気負《きお》って最初から順に読んでいく必要はありません。

目次を見て、気になるテーマの章へすぐ移動し、そこに記された言葉を、飛ばし読みをしながらざっくりながめ、自分の心に引っかかった言葉の冒頭の電球アイコンに鉛筆《えんぴつ》などでチェックマークを記し、その言葉を折に触れて何度も読み返す、といった使い方をしていただければOKです。

そして時間のあるときに、チェックを入れなかった言葉を、改めて飛ばし読みしていってください。また新たなる、そのときのあなたに引っかかる言葉が見つかるのでは、と思います（なお、第3章と第5章に関しては、お子さん向けのパートになっていますが、すべての章を親子で読むのでもOKです）。

さらに、（少々面倒《めんどう》でも）よりがっつり取り組みたい方には、次のような使い方もおすすめできます。

まず、1日につき1つの言葉を選び、選んだ日付を記した上で、そこからその言葉を5日間だけ実践《じっせん》してみます。そして5日後の夜に、その言葉を実践《じっせん》した結果、自分や子どもの「行動や態度」にどんな変化があったか、評価をしてみてください。これを毎日1つずつ言葉を追加しながら、それぞれの言葉につき5日ずつ実践《じっせん》してみるのです。

あるいは、「今週はこれだけを意識して行動してみよう」という感じで、1週間につき1〜3つの言葉だけをピックアップし、実践《じっせん》した上で、1週間後に、自分と子どもの行動や態度で良くなった点を記すのでも良いでしょう。

結局、人間は、「自分ができること・がんばっていること」を、「子どもや部下ができない・がんばらない」と、すぐにイライラしがちです。ですので、本書の1つ1つの言葉に対して、今の「自分の達成度」と「相手の達成度」の点数をつけておき、5日後や1週間後に（＝気長に構えて）、どこが改善されて何点になったか？　をふり返れば、相手の成長がわかり、あなたもすぐに優秀な親や指導者になれるでしょう（坪田塾《つぼたじゅく》ではそのように講師《こうし》を育成しています）。

目次

第1章 まずはコミュニケーションの改善を 5 保護者向け

第2章 人材を爆発的《ばくはつてき》に伸ばすための言葉 43 保護者向け

第3章 子どもたちに贈る、人生観が変わる言葉 71 子ども向け

第4章 勉強・教育のとらえ方を変えてみる 131 指導者向け

第5章 実際に成績《せいせき》を伸ばすために 159 子ども向け

第6章 相手によって接し方を変える 205 保護者向け

column

・子どもの底力を引き出す接し方 39
・EQを高める～キレやすい子への対処法 66
・人生は選択の積み重ねで差がつく 129
・リフレーミングの練習～×を○にするのが勉強 157
・成績が良い子のマネをする「学び」方 201
・メンタルが弱く、本番に弱かった子の話 228

特別付録《ふろく》

坪田式・5教科の「自学自習」法 231

第1章

まずはコミュニケーションの改善を

お子さんが伸びるか否か、やる気になるかふてくされるか、そしてその一生が幸福になるか否かは、親（本書では保護者《ほごしゃ》の意味も含む）がどんな接し方、声のかけ方をしているかに大きく左右されます。まずは、それらを根本から見直す言葉をお届けしましょう。

【好印象を与えるために】会話相手のことは、心の中で抱《だ》きしめることです。これで相手に好印象を与えられます（ラポールの形成）。

【やる気を出してもらうために】子どもが「イヤがること」は、「10秒でいいからやってみよう」と働きかけましょう。スタートしてから軌道《きどう》に乗るまでのハードルはとにかく低く、小刻《こきざ》みにしてください。

【会話上手になるために】コミュニケーションの前提《ぜんてい》は、「まず相手の言っていることを正確に理解する」ことです。これがみなさん、意外とできていません。お子さんの発言をまずは、よく聞いてみましょう。

【会話上手になるために】コミュニケーション能力が高い人と低い人の違いはなんでしょう？　相手に共感を示して、さらに話をふくらませられる人は「高い」。相手に共感を示さない人、無表情な人、自分の意見を通そうとする人は「低い」。お子さん相手でも、これを意識して会話してみましょう。

【会話上手になるために】コミュニケーションの際に、無表情になる人は、相手の表情に意識が向いていません。そこを強く意識して話すと、こちらも表情が豊かになりやすいです。逆に言うと、こちらの喜怒哀楽《きどあいらく》の表情を豊かにするほうが、相手も表情が豊かになりやすいです。お子さん相手でも、これを意識して会話してみましょう。

【会話上手になるために】常に、相手の言動の「状況《じょうきょう》・環境《かんきょう》・背景《はいけい》」を想像して話しましょう。それがあなたの「空気を読む力」を育《はぐく》みます。

【人に嫌われないために】人間は、間違えたくない生き物です。わざと間違える漫才《まんざい》の〝ボケ〟も、〝間違いなく〟笑いが取れるようにボケたいわけです。ですので、「相手の間違いを見つけてやろう」という姿勢では嫌われます。お子さんを相手にする場合は、特に注意してください。

【人の行動を改善するために】親や指導者《しどうしゃ》の多くは、理屈《りくつ》で人を動かそうとしたがります（認知論的アプローチ）。しかし、頭では「そうしたほうが良い」とわかっていても、なかなかそう動けないことも多いもの。よって、「信頼感」や「感動」で人を動かすほうが良いのです（情動論的アプローチ）。

【人を動かすために】好きな相手と嫌いな相手——人はどちらの言うことをより聞こうとするものでしょうか？　もちろん好きな相手の言うことです。そして、誰《だれ》か（Aさん）に好かれるには、こちら側が①Aさんを好きになること、②Aさんに好奇心《こうきしん》を抱《いだ》くことが基本《きほん》です（好意の返報性《へんぽうせい》）。お子さん相手でも同じです。

ですので、「くだらない話をして来ないで、勉強しなさい！」「お母さんは忙しいんだから、あっちへ行きなさい」といった発言は最悪。「今日は学校でどんなことがあったか、お母さんに話せる？」「いま、どんなことにハマっているの？　おもしろさを教えて！」などと声をかけましょう。

【人を動かすために】特に親や指導者《しどうしゃ》は、子どもの一挙一動《いっきょいちどう》に好奇心《こうきしん》を持つことです。少しでも何か変化はないでしょうか。その一挙一動《いっきょいちどう》に、子どもなりのどんな工夫や思いやり、善意《ぜんい》がひそんでいるでしょうか。それらに気付けたら、それを口に出して伝えることです。

ですので、「そんなもの集めて、なんになるの？　勉強しなさい」「なんでそんなことをするの！　人の迷惑はやめなさい」などと頭ごなしに言わず、「たくさん集まったね。ここまでがんばれた理由を教えて」「誰《だれ》かに喜んでもらおうと思って、そうしたのかな？　教えてくれる？」などと声をかけましょう。

【人に嫌われないために】相手に苦手意識を抱《いだ》けば、相手も苦手意識を抱《いだ》いてきます。相手に無関心なら、次第に相手もこちらに無関心になります。子どもも相手でも同じです。

相手が思春期で声をかけにくかったとしても、「今日は見たいテレビ番組は何かある?」「今日、うれしいこととか、悲しいことはなかった?」「いま困っていることって、何かない?」などと声をかけていきましょう。

【人に嫌われないために】最初に〝共感と感謝《かんしゃ》の意〟を表わすと、どんな相手でも――クレーマーですら――その後の攻撃《こうげき》がやわらぎます。

ですので、お子さんにも「言い訳はしないで、とにかくまず謝りなさい!」「迷惑になるから、余計なことはやめなさい!」などとは言わないでください。「きっと悲しかったんだよね。なんで、そうしたのか、理由は話せる?」「助けてくれて、ありがとう。ただ、今度はこうしよっか」などと言ってやさしく諭《さと》しましょう。

【人に信頼されるために】子どもから尊敬《そんけい》と信頼を得るには2つのことを意識しましょう。それは、相手が、「①自分には能力がある」「②自分が中心でありたい」と思いたがっているということです。そこを傷つけたり軽んじたりする発言・行動をしているうちは、尊敬《そんけい》や信頼は得られません。

ですので、「なんで、そんなこともできないの?」「さっき教えたばっかりなのに、なんですぐ忘れるの!」などと叱《しか》らないでください。「○○のときだってできたんだし、次はできるよ」「ゆっくり聞くから、何か思い出せないか話してみて」などと相手を尊重《そんちょう》しましょう。

【人に嫌われないために】人は誰《だれ》にでも「見せたい自分」と「見せたくない自分」があると意識しましょう。「見せたくない自分」を暴《あば》くような付き合い方をすれば、相手はあなたから心理的に逃《に》げ出します。

【人に認められるために】成功者の多くがしていること。それは、自分のしたいことをするのではなく、「周りが望むこと」をすることです。まずは、「周りや子どもが望んでいる」であろう発言や会話をすることから始めてみませんか？　その上で、子どもにもそう行動し、発言するよう働きかけてみましょう。

【親子関係がなぜうまくいかないのか？】多くの親は、子どもに〝イヤな面〟ばかり見せます。たとえば、小言を言う、注意をする、グチを言う、など。

親には〝良い面〟も確かにあるのに、そこはめったに見せません。たとえば、「子どもを愛している」「わが子が生きているだけでうれしい」など。だから多くの親子関係がうまくいかないのです。

【親子関係がなぜうまくいかないのか？】親が子どもを〝細かく監視《かんし》〟している場合、物事はうまくいきません。

職場《しょくば》で、常にすぐそばに上司がいて、1つ1つの行動を監視《かんし》しているようなものです。やることなすことに上司が注意をしてきて、果たしてのびのび仕事ができるでしょうか？　能力が伸びるでしょうか？　まず、無理です。しかし、それを毎日のように子どもにやっているのが、多くの親御《おやご》さんです。

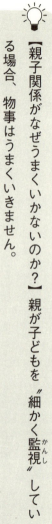

【人に好かれるために】常に「人の良いところを見つける」訓練《くんれん》を。それが対人関係改善の基礎《きそ》です。お子さん相手でも同じことです。

【人に好かれるために】人から好かれるために一番大切なのは「単純接触《せっしょく》効果」です。相手と仲良くなろうと思ったら、とにかく会う回数、話す回数を増やしましょう。その際、好意的でありさえすれば、1回1回の接触《せっしょく》時間の長さは関係ありません。お子さん相手でも同じです。

【会話上手になるために】コミュニケーション改善のコツは、大切なことから先に言うことです。「結論から言うとね、」などと切り出すのも良いでしょう。

【人に嫌われないために】人は「説得される」のを嫌がるものです。余計な責任を負いたくないからです。特に、語尾《ごび》をにごす人は「責任を背負《せお》いたくない」と思っています。お子さんに対しても、説得するのではなく、やんわりと助言をしましょう。

【助言上手になるために】「論理」に「勢いをつけた話し方」をプラスして助言をすると、受け入れられやすくなります。

【注意すべき人物とは？】意図的に人をだまして自己防衛《じこぼうえい》をする人は危険です。そう感じさせる人には、なるべく関わらないこと。あなた自身も、そうした人物にならないよう意識して、お子さんと接してください。

【人前で堂々と話せる親になる】ＰＴＡの会合などで、人前でオロオロする人は、自分のことばかり考えすぎているのです。聞き手の立場になりましょう。

【人前で堂々と話せる親になる】「緊張《きんちょう》する」のは「自分の心配」をしているせいです。「聞き手の心配」に意識を移しましょう。

【注意すべき人物とは？】ある種の人々は何についても批判《ひはん》をしてきます。まともに議論をするのは時間のムダだと考え、「そうかもね～」と笑顔《えがお》で受け流しましょう。お子さんにもそう教えていきましょう。

【人に好かれるために】「メタ認知」ができれば、人に好かれやすくなります。たとえば、人と話している姿をスマートフォン（スマホ）などで動画で撮影《さつえい》します。そして、その姿が自分が想像しているものと同じかどうか、人気者と比べて何が違うかを比較《ひかく》するのです。そして人気者のふるまいをマネしてみて、それもまた動画で撮《と》って見返す、ということをくり返しましょう。これだけで圧倒的《あっとうてき》に相手への第一印象が変わります。

多くの人は、会話をしている際に「自分がどんな表情か」や「どんなボディランゲージを発しているか」をまったくわかっていません。

【人に好かれるために】第一印象が大切です。最初に良い、強い印象を残せたか。逆に、人間は途中《とちゅう》のことはあまり覚えていません。一番大切なのは最初と最後です。

【人に好かれるために】中身に自信のない人こそ、良い第一印象を心がけましょう。あえて第一印象を悪くしておいて、その後に、魅力《みりょく》を加えてイメージを逆転させることは、上級者のみができることです。

【人に信頼されるために】信頼関係を築《きず》くには次の3つを意識しましょう。人間には承認《しょうにん》欲求があるので、

①ダメな点を指摘《してき》している印象を与えない。

②相手の良い点を認めて、口に出して承認《しょうにん》する。

③忍耐《にんたい》強く、優しく接する。厳しくするのは、よほどの信頼関係を築《きず》けた後。

【相手の能力を高めるために】あなたが相手（お子さん）に関して抱《いだ》いている心配や不安、懸念《けねん》を相手にぶつけると、相手は悪くなります（＝能力が下がります）。相手の「自分には能力がある」という感覚を損なわないことです。

【良い指導者《しどうしゃ》になるために】よく褒《ほ》める指導者《しどうしゃ》が、良い指導者《しどうしゃ》です。指導《しどう》の際は、「褒《ほ》める：改善点を伝える」＝「8：2」を意識しましょう。親子関係でも同様です。良い親は「褒《ほ》める：改善点を伝える」＝「8：2」です。

【良い指導者《しどうしゃ》になるために】人は〝本人から直接聞く情報〟より、〝噂《うわさ》話〟を信じやすいものです（ウインザー効果）。第3者からの情報のほうが信頼性・信憑性《しんぴょうせい》が高まりやすいということです。よって、「君、がんばってるねー」と言うより、「Aさんも言ってたけど、君、がんばってるねー」とAさんの前で言いましょう。すると、双方《そうほう》（相手とAさん）からの好意と信頼を得やすくなり、相手の意欲も上がりやすくなります。親子関係でも同じです。誰《だれ》かの評価を利用してわが子を褒《ほ》めると効果が高まります。

【人に信頼されるために】 知り合ったばかりの既婚《きこん》男性には、「今度は奥様もご一緒《いっしょ》にお食事でも」とお願いしてみましょう。その際、事前に〝奥様の良いところ〟を聞いておきます。それを、奥様をまじえた会食の席で「旦那《だんな》様がこう言って、奥様を褒《ほ》めていらした」と披露《ひろう》するのです。これで、新しく知り合った男性の信頼を得やすくなります（ウインザー効果）。これは親子関係や夫婦関係、嫁姑《よめしゅうとめ》問題の改善などにも応用できます。

【人を動かすために】相手を動かすには、相手をよく観察《かんさつ》することです。人を動かせない人は、これができていません。お子さんのことをよくよく観察《かんさつ》してください。日々、思いがけないことに気付けるものです。

【人の行動を改善するために】子どもがミスをした場合は、まずは「子ども自身がどう思っているのか」質問をすることです。変に褒《ほ》めると「皮肉を言われた」と受け取られ、怒れば「叱《しか》られた」、笑顔《えがお》を見せると「バカにされた」と受け取られかねませんので。あなたの「主観《しゅかん》」を伝えるのではなく、「その子がどう思っているのか」という「相手の主観《しゅかん》」をまず聞くのです。すると、子どもの改善を促《うなが》すのに最適な答えを見つけやすくなります。

【人を動かすために】相手との関係性次第で〝言葉のとらえ方〟は違ってきます。プラスの関係性（信頼・好意・共感など）が強固になれば、相手に何かを促《うなが》した際の反応が「絶対無理！」から「やってみようかな？　自分にもできるかな？」へと変わります。ですので、まず、子どもとの関係性強化に心をくだくことが先決です。

【人を動かすために】相手を褒《ほ》めたり、励《はげ》ましたりしても、心からそう思っていないと、表情やトーン、身ぶり手ぶりの様子から、相手には効果がありません。「発言内容」と「表情やしぐさ」が一致《いっち》していることを〝コングルーエンシー〟と言います。相手を心から受け入れよう、理解しようとする気持ちがないと、コングルーエンシーが起こらず、言葉は効果を発揮《はっき》しません。

【やる気をそがないために】数字はすべてを物語ります。ですが、点数自体に価値はありません。大人は結果を求められがちですが、最初から結果を出せる子どもはいませんし、その必要もありません。子どもにとって大切なのは、結果を出すまでのプロセスです。子どもに焦《あせ》って結果を求めると、うまくできず、やる気がなくなります。

【怒りを抑《おさ》えるために】誰《だれ》にも、程度の差こそあれ、障がいはあるものです。たとえば、メガネが必要だ、とか、コミュニケーションがヘタだ、など。お互《たが》いに何らかの障がいがあるものと思って、赦《ゆる》しあいましょう。

【やってはいけない指導法《しどうほう》】思うように相手が動かないことでイライラしたときに、多くの人がとる方法が「フィアアピール」です。これは相手に「Fear《フィア》＝恐怖《きょうふ》」を与えて動かそうとする手法です。相手は恐怖心《きょうふしん》のあまり、目的をよく理解しないままに、その場しのぎの非合理な行動を取りがちになるので、しばしば最悪の結果を招《まね》きます。

【やってはいけない指導法《しどうほう》】「フィアアピール」で子どもの中に形成された思いは、一度固まると改善が難しくなります。軌道《きどう》修正するには、後から強い介入《かいにゅう》が必要となり、大きな痛みを伴《ともな》います。

【やってはいけない指導法《しどうほう》】子どもも大人も叱《しか》ったからといって動く時代ではありません。心の中で強く反発してくるだけで、行動は改善などしません。

【それは好意でしょうか？】「好意」とは、自分のことを顧《かえり》みず〝相手のために〝尽《つ》くそうという思いのことです。「悪意」とは、相手を〝自分の利益になるよう〝コントロールしようとする思いのことです。あなたは、相手に真の「好意」を抱《いだ》けているでしょうか。

【心にゆとりと忍耐力《にんたいりょく》を育《はぐく》むために】哲学者《てつがくしゃ》ホッブズ曰《いわ》く、「自然」の状態とは「万人の万人に対する闘争状態《とうそう》」です。よって、何らかの分野で「自分はケンカ（競争）に勝てる」という自信を与えられれば、それが自己肯定感《じここうていかん》・

自己効力感《じここうりょくかん》（自分が行動することで、何かプラスの影響《えいきょう》を、自分やその周囲に与えられるという感覚）につながりやすくなります。すると、子どもが大人になったとき、タフな交渉《こうしょう》の際などでも、心にゆとりを持って、相手を優しく粘《ねば》り強く諭《さと》せるようになります。

【会話上手になるために】人と話す際には、キャッチが大切です。できれば最初に「えっ？」と思わせること。たとえば、「立ちションって、ある意味、強盗《ごうとう》よりタチが悪いよね」など。

【会話上手になるために】人前でのスピーチで宣言してはいけないこと。「緊張《きんちょう》しています」「しめっぽい話ですが」「役に立たないかもしれませんが」。

【人に信頼されるために】人付き合いで究極的《きゅうきょくてき》に大切なのは「誠実《せいじつ》さ」です。ウソをつく人やごまかそうとする人は信頼されません。自分が指導者《しどうしゃ》だろうが親だろうが、わからないことはわからないと認め、誠実《せいじつ》に対応することです。

【人に信頼されるために】親や指導者《しどうしゃ》は、どんなことでも正当化できてしまいます。自分が何かミスをしても、「反面教師《きょうし》としてやった」「この失敗から学べるようにした」など。それではいけません。自分に関しても子どもに関しても、成功か不成功かを決める根拠《こんきょ》や確定条件を明確にしておき、その場しのぎで、適当な取り繕《つくろ》いを言わないようにしましょう。

【人に信頼されるために】自分が何かを間違えたら、素直に言うこと。その際、「いかに悔《くや》しいか」「悲しいか」などを、感情をこめて話せば、相手は感情の部分に「共感」を示しやすくなります。

【子どもに以心伝心《いしんでんしん》を期待しない】「以心伝心《いしんでんしん》で～がわかる」ことを、英語では「know ～ by telepathy」と言います。telepathy《テレパシー》、つまりは超能力《ちょうのうりょく》の領域《りょういき》のお話ということです。なのに、日本では「以心伝心《いしんでんしん》」があたり前で、「空気を読め」「指示待ちをするな」「そのぐらい言わなくてもわかってくれ」などと言われがちです。子どもに以心伝心《いしんでんしん》を期待した指導《しどう》はしないことです。

【空気を読む力をつける法】通常は、相手の表情や動きから「空気」を読み取りますが、これを「相手の趣味《しゅみ》、受けてきた教育、家族構成」などを聞いた上で推測《すいそく》すると、精度《せいど》が上がります。また、人（生物）は「明るい場所」に集まるもの。集団の中心人物（リーダー）をよく観察《かんさつ》すると、その集団内の「以心伝心《いしんでんしん》」をマスターしやすくなります。保護者《ほごしゃ》自身はそうして空気を読む力を培《つちか》いましょう。

【発言時の心得】大人でも子どもでも、聞き手は、あなたの語尾《ごび》を、気にしていないもの。「彼《かれ》は優柔不断《ゆうじゅうふだん》です」「彼《かれ》は優柔不断《ゆうじゅうふだん》なところがあるかもね」と発言した場合、ともに聞き手の心には「彼《かれ》＝優柔不断《ゆうじゅうふだん》」という印象しか残りません。会話をする際に語尾《ごび》を弱めの表現に変えても、こちら側の責任の重さは変わらないと心得ましょう。

【人を動かすために】日本では「何を言ったか」よりも「誰《だれ》が言ったのか」が重要です。極端《きょくたん》に言えば、内容ではありません。「この人の言葉は重要だ」と受け取られる自分（親）になりましょう。

【伝え上手になるために】常に、5W1H（いつ・どこで・誰《だれ》が・何を・なぜ・どのように）を意識して話しましょう。そして、その内容は、誰《だれ》が聞き手なのか？　男性か女性か？　個人か集団か？　役職《やくしょく》や立場は？　――などによってニーズを考えて変えていきましょう。

【伝え上手になるために】聞き手に応じて、「権威《けんい》」がより必要なのか？　「親しみ」のほうがより必要なのか？　を考えて、発言内容やトーンを変えましょう。

【伝え上手になるために】指導《しどう》の主目的は、「相手から不安を取り除く」ことだと心得ましょう。ちなみに、自己紹介《じこしょうかい》の主目的も同様です。

【言い方で判定できること】強い断定口調で語る子どもの心理＝「プライドが強い」「なめられたくない」「話を打ち切りたい」という可能性。

【人の行動を改善するために】子どもや部下に厳しいことを言いたいときは、あくまでも「一般論《いっぱんろん》」として話しましょう。

【会話上手になるために】おもしろい話は〝具体的なイメージ〟が浮かびやすくなるよう「細部」まで語られています。五感を刺激《しげき》するように、とりわけて「映像」や「におい」が思い浮かぶように話しましょう。

【会話でわかる相手の性格】相手に大まかな質問をしたとき、①全体像を話す人、②細部を話す人、③質問で返してくる人（「どういう意味ですか？」「これについて話せば良いの？」など）の３タイプがいます。

①の人は、空気を読みながら話せる、一般的《いっぱんてき》に頭が良いと言われる人です。

②の人は、自分勝手でせっかちな傾向《けいこう》があります。

③の人は、論理的ですが、あまり空気を読めない人です。組織になじみにくく、時間はかかりますが、正確な仕事をしてくる傾向《けいこう》が強いです。

【会話でわかる信頼】もしもあなたが「相談」をされるなら、相手から信頼されています。

【人の行動を改善するために】考えが甘い子どもや部下には、相手が一人でいるときに、本当のことを伝えましょう。

【人のウソを見破る法】相手がウソをついている場合、イエスかノーかの2択《たく》で質問をすると、そのどちらでもなく、第3の答えで返してくることが増えるものです。その場合は、さらに2択《たく》で攻《せ》めましょう。逃《に》げたら、さらに2択《たく》で攻《せ》めましょう。

【自信のある子に育てるために】人の評価は、①Doing《ドゥーイング》（何かをしたこと、行動や実績《じっせき》）、②Having《ハヴィング》（所持しているもの、所属や属性）、③Being《ビーイング》（存在していること、ありのままでいること）の3つの観点から行なえます。具体的には、①は「テストで満点って、すごいね」（満点じゃないと次は評価されない）、②は「お金持ちで、すごいね」（お金がなくなったら評価されない）といった評価で、社会では通常、①と②の観点で評価されます。まずもって、③では評価されません。ですので、親や家族ぐらいは③「あなたが生きているだけでうれしい」「そばにいるだけで安らぐ」などを口に出して評価すること。しかし、実際は、親や家族が口に出すのはほとんどの場合、①と②ばかりです。それでは子どもの中で、自己肯定感《じここうていかん》が育《はぐく》まれません。

【会話上手になるために】「交渉力《こうしょうりょく》」とは「忍耐力《にんたいりょく》」のことだと心得ましょう。キレたら、そこで終わりです。

【指導《しどう》の際の心得】本当は、一流の人の言葉だけを取り入れるので良いのです。

【会話の際の心得】「無理」という言葉を瞬間的《しゅんかんてき》に吐《は》きがちな人に、大人物はほとんどいません。お子さんにも、そのことをうまく伝えていきましょう。

【人の行動を改善するために】人間の不平不満やグチの根本は、自分が弱者であることによる嫉妬《しっと》やうらみつらみです。そうした不満やグチを言ってくる相手（お子さん）の話は、心の中で抱《だ》きしめながら聞きましょう。明るい表情で、ときに笑いをまじえながらも、全面的に肯定《こうてい》し、暗に「乗り越えろ」というメッセージも送りましょう。

【人の行動を改善するために】子どもや部下と話すときは、「具体的な」解決策を示しましょう。ばくぜんとしたダメ出しや否定は最悪です。

【やる気を出してもらうために】親や指導者《しどうしゃ》は、子どもや部下を〝全力で応援《おうえん》〟することです。ただし、親や指導者《しどうしゃ》側が、「この子（人）なら、絶対伸びる」と心から信じて応援《おうえん》して声がけをしないと意味がありません。

【やる気を出してもらうために】やる気がない子のことは、作業療法士《りょうほうし》にでもなったかのような意識でのサポートを。日常生活の送り方から遊び方までの相談に乗り、身体と心の総合的《そうごうてき》なリハビリテーションを行なうつもりで。

【人の行動を改善するために】人に何かを伝えるときは、「説教臭《くさ》さ」を出すときと出さないときのバランスが大切です。相手に正論を言うのはいいのです。でも、正論ばかり言う人を相手にすると疲《つか》れるものです。

【良い指導者《しどうしゃ》になるために】良い指導者《しどうしゃ》は、今すぐに「笑い、涙《なみだ》、感動」を与える5分間スピーチができなければいけません。日頃《ひごろ》から、5分以内のエピソードトークの準備を。

子どもの底力を引き出す接し方

「英語の偏差値《へんさち》を1年で40上げて、学年ビリから慶應義塾《けいおうぎじゅく》大学に現役合格したビリギャルのさやかさんは、地頭《じあたま》が良かったんでしょう？」という言葉は、今でも多くの人に言われます（ビリギャルに関して詳《くわ》しくは、拙著《せっちょ》『学年ビリのギャルが1年で偏差値《へんさち》を40上げて慶應《けいおう》大学に現役合格した話』ご参照）。

そこで僕《ぼく》は「はい、その通りです。出会った瞬間《しゅんかん》にそれを感じました」と応《こた》えます。そして続けざまに、「でも、あなたのお子さんもそうですよ。地頭《じあたま》が良いです、間違いなく。僕《ぼく》にはわかります。お母さまには感じられませんか？」と笑顔《えがお》で付け加えます。

すると、たいていの親御《おやご》さんは「いやいや、うちの子は地頭《じあたま》なんて良くないですよ。良かったらこんな成績《せいせき》にはなりません！」とおっしゃるんですが、結局「地頭《じあたま》」なんて、ただ「結果」から言っているにすぎません。「慶應《けいおう》に受かった」「東大に受かった」→「だから、元から地頭《じあたま》が良かったに違いない」と。でも、「うちの息子は〝今〟成績《せいせき》が悪いし、〝過去〟もそうだった。だから地頭《じあたま》が良くない」と。しかし、〝未来〟において結果が良ければ、必ず同じことを言われます。「地頭《じあたま》が良かったんだね」って。

なぜなら、もう千人以上、そのパターンを見てきていますので、間違いないです（笑）。5教科の成績《せいせき》で難関《なんかん》大学に受かるぐらいの地頭《じあたま》はみんな持っています。今まで多くの学年ビリの生徒たちや、〝中学3年生のときに1桁《けた》＋1桁《けた》のたし算がぎりぎりできる〟レベルの生徒も教えてきました（後者に関しては、拙著《せっちょ》『人間は9タイプ　子どもとあなたの伸ばし方説明書』の193ページ～に実話を掲載《けいさい》しています）。でも、「地頭《じあたま》」が悪い生徒はいませんでした。

もう1つ、ビリギャルに関しては、「さやかちゃんは素直だったんですよね？　だから伸びた。うちの子は、素直じゃないから伸びない」ともよく言われます。多くの上場企業の社員研修や講演会にも講師として呼《よ》ばれますが、そこで名だたる企業の経営者の方々も「うちの部下は素直じゃないから伸びない」なんてよくおっしゃいます。

「素直な人は伸びるし、素直じゃない人は伸びない」——これは本当でしょう。しかし、「素直さ」は固定的な「その人の性格」ではありません。相手によって変わるものなのです。

世の中に「素直な人」と「素直じゃない人」がいて、素直な人は誰《だれ》に対しても素直。素直じゃない人は、すべての人に対して舌打《したう》ちをして言うことを聞かない──そんなことは、まずありません。Aさんは、Bさんに対しては素直だけど、Cさんに対しては反抗的《はんこうてき》。そういうものです。

事実、さやかちゃんだって、ああちゃん（お母さん）や僕《ぼく》に対しては素直でしたが、お父さんや学校の先生にはめちゃくちゃ反抗的《はんこうてき》でした。手がつけられないほど、言うことを聞かなかったり、無視し続けていたりしたわけです。

では、人は、どういう人に対して素直になり、どういう人に対して反抗的《はんこうてき》になるのでしょうか？

実は、「自分のことを理解してくれている人、あるいは理解しようとしてくれる人」に対しては人は素直になり、「自分のことを理解してもいないし、理解しようともせず、上から命令してくる人、批判《ひはん》してくる人、共感できない価値観を押しつけてくる人」に対しては、反抗的《はんこうてき》になるのです。

相手のことを理解しようともしていないのに、「ああしろ、こうしろ」「勉強しろ」「あれはやるな」「こうするのが、あなたのため」などと言うから、言うことを聞いてくれないし、挙《あ》げ句《く》の果てには「あいつは素直じゃない」とさじを投げるような結果や関係性になってしまうのです。

ですので、保護者《ほごしゃ》や指導者《しどうしゃ》の方は、この第1章を何度も読んで、お子さんや部下とのコミュニケーションの仕方を徹底的《てっていてき》に見直してください。「そんなこと、わかっているし、自分はできている」と自慢する方でも、こと家族や身内に対しては、それができていなかったりするものですので……。

そして、わが子や部下の理解者になるべく、彼《かれ》らが一番好きなマンガやアニメ、アイドルや、趣味《しゅみ》などを聞き出して、勉強し、一緒《いっしょ》に楽しむところから始めてみませんか。意外とこっちが子どもよりハマったりしますしね……これもまた経験則です（笑）。

第2章

人材を爆発《はくはつ》的《てき》に伸ばすための言葉

保護者向け

ここからは、お子さんの〝やる気〟や〝成績《せいせき》〟を爆発的《ばくはつてき》に伸ばすための言葉やノウハウをお伝えしていきます。1つでも2つでも実践《じっせん》してみて、お子さんの日々の変化を観察《かんさつ》しましょう。少しでも笑顔《えがお》が増えてきたら、成功しています。

【人材を爆発的《ばくはつてき》に伸ばすために】相手のリミッター（能力に制限をかけている思い込み）を外すことを日々心がけて指導《しどう》しましょう。今までの結果から、今後を判断しないことです。

【人材を爆発的《ばくはつてき》に伸ばすために】常に、子どもの世界を広げることを心がけましょう。それには、子どもとよくコミュニケーションをとること。

【受験を成功させるために】受験生の悩みの種は、友達・親・恋愛・学校の先生・模試《もし》の結果など。とりわけて「親は最大の悩みの種（最大の敵《てき》）」になりやすいものです。なぜなら、子どものことを誰《だれ》よりも心配しているがために、細かく口出しをするからです。それでは、子どもは伸び悩みます。

【子どもを成功者にするために】ＩＱ《アイキュー》（知能指数）は有名ですが、脳の前頭前野《ぜんとうぜんや》の一部の能力しか示せません。むしろ「ＥＱ《イーキュー》（感情知能＝感情をコントロールする力）」を重視しましょう。ＥＱ《イーキュー》で、学校の成績《せいせき》や成功・不成功が決まります。

【子どもを成功者にするために】ＥＱ《イーキュー》は、誰《だれ》でも訓練《くんれん》により伸ばせます。脳の領域《りょういき》で、「喜怒哀楽《きどあいらく》」と「目的達成力」を司《つかさど》る領域《りょういき》は隣接《りんせつ》しています。

それで、これらは影響《えいきょう》し合うと考えられています。ですので、まずはＥＱ《イーキュー》を伸ばすべく、「自制心《じせいしん》」と「同情心」を身につけることです。「自《みずか》らの感情」を抑《おさ》え（自制心《じせいしん》）、他人の心の奥底にある感情を読み取る（同情心）練習をすることです。こうして、感情をコントロールし、思いやりを持てるようになった人は、ＥＱ《イーキュー》が高いと言え、「目的達成」もしやすくなります。

【子どもを成功者にするために】要は、脳の扁桃体《へんとうたい》で反応する（怒りや悲しみなどの「感情」につき動かされる）のではなく、前頭葉《ぜんとうよう》を使って理性的に考えられるかどうかです。その訓練《くんれん》を小さいときからしておくと良いのです。

「今、自分の扁桃体《へんとうたい》が刺激《しげき》されているな（＝怒りや悲しみなどの感情で動こうとしているな）」と俯瞰《ふかん》して見ること（メタ認知）ができたら、行動の修正ができるようになります。これがＥＱ《イーキュー》の高め方であり、人生の一般的《いっぱんてき》な成功法則です。

【子どもを成功者にするために】 EQ《イーキュー》を育てる4原則。まずご自身が実践《じっせん》した上で、お子さんにも促《うなが》していきましょう。

①自分の感情を知る。→どんなときに怒るのか、うれしいのか、恥《はじ》だと思うのかなど、自己分析《じこぶんせき》をする。→記録《きろく》する。

②心を別のことに向ける練習をする。→何かに集中しているときに、別の行動を挟《はさ》む練習をする。たとえば、○時になったら部屋の掃除《そうじ》をする、など。

③自分で自分を励《はげ》ませる方法（これをしたらテンションが上がる、楽しくなる、心が落ち着くといった手順や行動など）を日頃《ひごろ》から考えておき、書き出しておく。

④ロールプレイ（役割を演じること）を意識する。→人は瞬間瞬間《しゅんかんしゅんかん》で役割が変わっていくもの。父→夫→社員→上司→部下など。これを意識して、演じ分けていく練習をする。

【子どものケアレスミスを減らす】ケアレスミスの3つのパターンと改善策。

①「イヤなことだから早く処理したい。聞きたくもないし、見たくもない」といった心理があると、「問題をしっかり見ない」ことでミスが起こりやすくなる。よって、あなたが子どもや部下に苦手意識をもたれた場合、その子や部下のケアレスミスは増える。逆に、好かれると、その子や部下に集中力が出て、ケアレスミスは減っていく。

②ケアレスミスが多いと言われる人は、「手順の固定化」ができていない。問題を解く際などの手順をしっかり決めて守ってもらうと、次第にケアレスミスが減る。

③あるべき場所にあるべきモノがない状態に慣れると、注意力が散漫《さんまん》になりやすい。よって単純に、部屋や机《つくえ》の掃除《そうじ》や整理をするだけでも、ケアレスミスは減っていく。

【子どもに腹を立てないための心得】ケアレスミスは、脳の構造上なくならないと心得ましょう。脳にはあいまいさ《ファジー》を大事にする機能があります。そのおかげで、人は「空気」を読めるのです。

【子どもに腹を立てないための心得】「忘れる」ことは自然なことです。むしろ忘れないと、人は生きていけません。人は「痛み、苦悩、失敗、不幸」などのすべてを覚えていると死にたくなってしまいます。

【子どもを伸ばすために】人間の記憶《きおく》は「印象の強さ」と「反復」により定着します。これを意識して指導《しどう》しましょう。

【子どもを伸ばすために】「失敗」から「成功」を生むと記憶《きおく》に残りやすくなります。子どもの頃《ころ》に失敗しまくって、試行錯誤《しこうさくご》をくり返した人は、長じてから成功しやすいのです（ソーンダイクの理論）。失敗したら、時間をあけずに、すぐに再挑戦《さいちょうせん》してもらうとさらに効果的です。

【勉強を楽しくするために】学校の勉強が楽しくない理由。それは、毎日6時間もの授業を受け、多大な労力を費《つい》やしているのに、成果がすぐはっきりとはわかりにくいことにあります。要は、〝成果の可視化《かしか》〟が必要なのです。たとえば、子どもがゲームに夢中になるのは概《がい》して、レベルや得点などで、すぐに成果が可視化《かしか》されるためです。

【子どもを伸ばすために】「リビドー（性的欲求）」は、何か行動を起こしてもらう際の動機《どうき》にしやすいです（フロイトの理論）。「これをすると、モテるよ」といった働きかけで、うまく活用したいもの。

【子どもの強みを知る】自分やわが子の武器を探す方法。自分やわが子にとっては「あたり前」となっている、優れた能力を探しましょう。この「メタ認知」を進めるには、日記、記録《きろく》をつけて、見返すことです。

【子どもを伸ばすために】自分の行動を、自分で実況中継《じっきょうちゅうけい》できるなら、その子は「メタ認知」ができています。この練習をしていくと、自分の強みや弱みがわかってきます。

【子どもを伸ばすために】自己分析《じこぶんせき》で使いやすいのは、①20答法《とうほう》（自分がどんな人間か、20の文で書き出す）、②ジョハリの窓、③SWOT《スウォット》分析《ぶんせき》の3つです（②と③は次ページの図1参照）。これで子どもの強みや弱みを把握《はあく》して、指導《しどう》がしやすくなります。子ども自身も、自分とのつきあい方がわかるようになります。

【子どもを伸ばすために】20答法《とうほう》の応用版で、「私の100」という自己分析《じこぶんせき》法もあります。「自分の過去の実績《じっせき》を、数字をまじえて、具体的に100の箇条書《かじょうが》きにする」手法です。

【子どもの自主性を育《はぐ》む】自主性を育《はぐ》むには、まずは「マネ」してもらうことから始めましょう。たとえば、「本を読んで、マネてみよう」「テレビを見

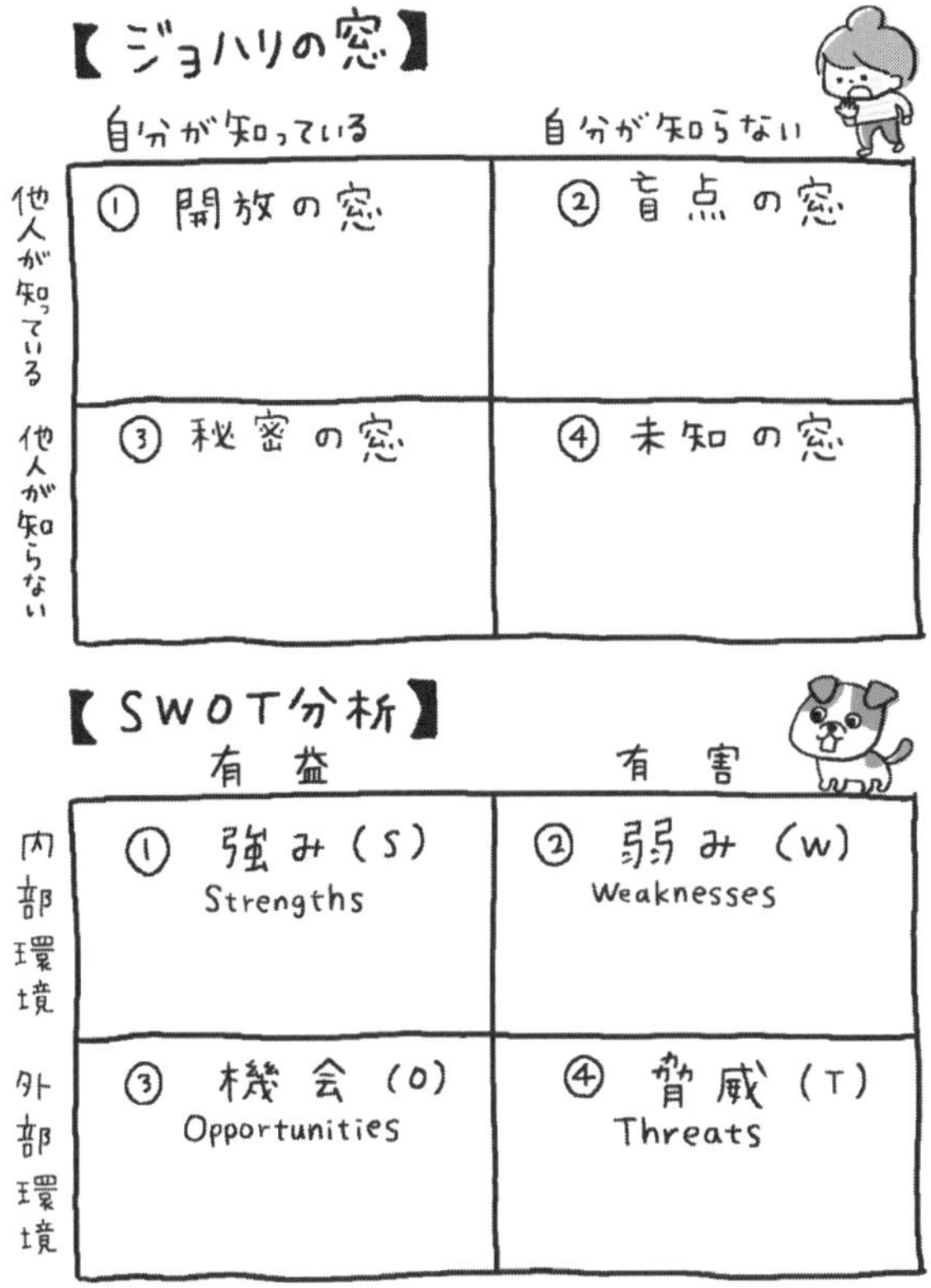

図 1：上が「ジョハリの窓」、下が「SWOT 分析」。空欄をうめていくことで自己分析ができる。「SWOT 分析」は組織分析用の手法だが、自己分析にも使える。

て、マネてみよう」など。

次に、子どもがどんな文脈《ぶんみゃく》でモノを考えているかを分析《ぶんせき》し、こちらから「新たな文脈《ぶんみゃく》」（異なるモノの見方）を提示《ていじ》してみましょう。これにより、自主的に判断して行動するクセが子どもに身につきます。

【子どものやる気を育《はぐく》む】（ある程度、強制《きょうせい》されながらも）何かを続けてもらい、（「もう、できない状態にはもどりたくない」というレベルまで）〝できる〟感覚が積み重なって初めて、〝もっとできるようになりたい〟という「自主性」が生まれます。

【子どものやる気を育《はぐく》む】〝やる気〟にさせるには、「相手の小さな変化に気がついて、それを相手に伝えていく」だけでも良いのです。

【子どもを伸ばすために】「チームで何かをなし遂《と》げた」という体験は、人を大きく育てます。

【受験に際しての心得】一流大学に入るには、一流の努力が必要です。アルバイトやクラブ活動をしながら、無理をしない範囲で勉強をして、一流の結果を望むのは、(残念ながら)誰《だれ》にとっても難しいことです。親や指導者《しどうしゃ》がその辺を配慮《はいりょ》しましょう。

【子どもの世界観を広げる】マンガを読んでもらうのでも良いので、とにかく語彙力《ごいりょく》を増やしてもらうこと。そして、その内容を話してもらうこと。すると、表現力が増え、子どもの世界観が一気に広がります。

【子どもを伸ばすために】「彼《かれ》を知り己《おのれ》を知れば百戦殆《あや》うからず」（孫子《そんし》）。実は、これは順番が大切なのです。最初に、「彼《かれ》（敵《てき》）」を知る。その後で「己《おのれ》（自分）」を知ることです。これはすべてに共通します。会社なら、まず、「社会が何を望んでいるか」を知ること（市場のニーズの調査）が先。その上で、自分が何ができるか考えます。最初に「自分にはこういった能力があるので、みなさんに知ってほしい」と考えると、成功は望みにくくなります。親や指導者《しどうしゃ》は、この戦略を明確に意識して、子どもを成功に導く計画を立てましょう。お子さんの心にもこうした勝利の方程式を強く刻《きざ》んでもらいましょう。

【子どもの成績《せいせき》を上げるために】目的地に行くのに、スタート時の角度が1度ずれるだけで、目標からは次第に大きく離れていきます。敵《てき》（＝目的地）を最初によく見定めましょう。

【才能とは何か】「才能」＝「能力」ではありません。能力は、努力を続けてもらえば、誰《だれ》でも身につきます。能力が高まると、角《かど》が立ち、そこが才能として認められます。

【子どもの才能を引き出す】多くの人は「自分や相手の〝良い点〟」に気付いていません。逆に、「自分や相手が〝苦手なところ〟、〝うまくいっていないところ〟」にばかり目が行くものです。それでは、自分も相手も伸びません。

自分や相手の売りとなるポイントを、ノートに書き出すなどして、可視化《かしか》してみましょう。

【子どもの行動を改善する】相手の行動は「モニタリング（経過観察《けいかかんさつ》）」により変えられます。たとえば、最初に、教育者が子どもの隣《となり》に座《すわ》り、子どもと同じ目線で、逐一《ちくいち》〝子どもが何をしているか〟を観察《かんさつ》しましょう。そうして、子どもが間違った行動（辞書《じしょ》の引き方がおかしいなど）をしたら、即《そく》、正しい方法をフィードバックしていきます。

【子どもの行動を改善する】モニタリング（経過観察《けいかかんさつ》）の際は、「子どもの状態をざっくり把握《はあく》すること」と「子どもの集中力・意識の強化」を心がけます。

子どもの行動を観察《かんさつ》しつつ、子どもの身になって考えてみることです。相手が幼児《ようじ》なら、「目線の高さを合わせる（かがむ、ひざをつく）」ことも大切です。

【子どもの行動を改善する】指導《しどう》は、以下のどちらかの方法で行なってください。

①**こちらで手順をやって見せてから、子どもにやってもらう。**

②**まず子どもに目の前でやってもらってから追認《ついにん》か修正をする。**

【子どもを伸ばすために】「大学に合格した子」「成功を収めた子」とばかり話したがる親や指導者《しどうしゃ》が多いものです。しかし、話をよく聞いて本当に支えるべきは、「不合格になった子」「不成功に終わった子」のほうです。

【子どもを伸ばすために】「子ども（部下）がこちらに好意を持っているから」という理由だけで、親や指導者《しどうしゃ》側も、その子（その部下）を好きになってはいませんか。好意を持ってくれていなそうな子ども（部下）にこそ、目を配ってサポートをしましょう。

【説得するときの心得】相手を説得するには、真剣さが必要です。親や指導者《しどうしゃ》の言動によって、子どもの将来《しょうらい》が決定的に変わる可能性があるからです。ですから、子どもの考えが間違っていると思ったら、時には、全力で止めること。衝突《しょうとつ》を恐れて真剣に向き合わなければ、信頼も成果も得られません。

【子どもを伸ばすために】「オレオレ指導者《しどうしゃ》」（自分の主観《しゅかん》をひたすら語る指導者《しどうしゃ》）にならないこと。学びの場の主人公《しゅじんこう》は、いつも「聞き手」です。主人公《しゅじんこう》は、しゃべっている本人ではありません。親子の会話でもこれは同じです。

【子どもを伸ばすために】子どもとの長きにわたる信頼関係を築《きず》くには、できれば、心理学の手法を応用した90問の9タイプ診断《しんだん》テスト（拙著《せっちょ》『人間は9タイプ』2作品に掲載《けいさい》。スマホなどで動く無料判定アプリも用意しています）で、子どものタイプを判定するか、推測《すいそく》すること。

その上で、その子に関して「どう接したら、笑顔《えがお》を見せたか」という日記をつけていき、時々読み返して、笑顔《えがお》になる働きかけを続けていくと、めざましく関係性が改善され、子どもは爆発的《ばくはつてき》に伸びます。

【ダメな指導法《しどうほう》を変える】親や指導者《しどうしゃ》は、子どものせいにしがちです。たとえば、「やれって言ったよね？　なぜやらなかったの？」など。それを避《さ》けるには、子ども自身に決定をさせることです。その決定が気に入らないなら、自分にその決定をくつがえすだけの説得材料があるか、よく自問自答《じもんじとう》をしてから、それでも必要なら、変更を促《うなが》しましょう。

【ダメな指導法《しどうほう》を変える】子どもの言葉を重くとらえすぎないことも大切です。たとえば、「やる気が出ない」という言葉。多くの場合、人はそれほど重く言葉を選んでいないもの。単なる言い訳で、その本意は「まだ宿題をやらずにTVを見てるけど、怒らないでね」程度のものだったりします。本当に〝やる気〟がない場合は、学校にも行けませんし、部屋からも出てきません。

【子どもを伸ばすために】何事も「継続《けいぞく》」こそがもっとも大切なことです。そこを強く意識して指導《しどう》しましょう。

【子どものやる気を育《はぐく》む】大人はよく「子どもの〝やる気〟を引き出したい」と言います。でも、そもそもその大人には〝やる気〟があるのでしょうか。自分の人生や夢、目標に対して本気で努力を続けている人の言葉なら、説得力は自然と出るものです。本書を活用してご自身も本気になってみませんか？

【子どものやる気を育《はぐく》む】「勉強しろ」という大人は、自分では勉強をしていますか。もし、「〝自分はやってない〟けれど、〝お前は勉強しろ〟」と言うのなら、それは「このゲームはクソゲーだけど、お前は最後までやれ」と言っているのとたいして変わりません。自分がそのおもしろさに心底惚《ほ》れ込んだものを、子どもにプレゼンするほうが良いのです。

本書を参考に、ご自身も、何か本気で学習を始めてみませんか？

【子どものやる気を育《はぐく》む】「やる気スイッチ」など存在しません。「リフレーミング（物事を見る枠《わく》組み自体を変えること）」で解決しましょう。

それには、あらゆる物事のポジティブな側面をどんどん口に出すことです。

ついついネガティブなことを考えてしまう子がいるのは仕方がありません。

でも、そんなときにこそ、ポジティブな面を声に出して伝えることです。

たとえば、「今回は失敗したけれど、良い経験ができて、着実に成長はできたね。だって、今回、○○はクリアできたでしょ？　まさに成功への正しい道のりにいるってことだね」「5分前に解けなかった問題が、解答と解説を見た今は、解けるでしょ。これこそが成長だよ」など。これにより、子どもの中に自己効力感《じここうりょくかん》（自分が行動することで、何かプラスの影響《えいきょう》を、自分やその周囲に与えられるという感覚）が育ちます。これがそのまま「やる気」につながります。

【子どもの将来《しょうらい》を見据《みす》えよう】一般《いっぱん》に、「楽な道」や「楽なほうに流れること」に正解はないものです（もちろん、鬱《うつ》状態だったり病気だったりする場合は違いますが）。そんなことは、直感的にも、経験的にもわかっているはずですね。それでも多くの親御《おやご》さんが、「うちの子には、努力は無理だろうから、推薦《すいせん》入試で……」と言うのです。入試の場ですら努力をさせずにおいて、「社会に出てから努力をしなさい」というのは無理です。子どもが社会で働く自信を持てなくて、ニートになっても仕方がありません。実際、ハードルを下げる形で推薦《すいせん》で入った子の大学中退率《ちゅうたいりつ》は高めなのです。

ＥＱ《イーキュー》を高める～キレやすい子への対処法《たいしょほう》

坪田塾《つぼたじゅく》では、「学習した内容」に関して、その日のうちに必ず「（チェック）テスト」を行ないます。理由はいろいろありますが、1つには、「インプットした内容を、その日のうちにアウトプットする」ことは、受験や仕事、人生などにおいて非常に大切な習慣だからです。「インプット」したことは、「アウトプット」ができない限り、特に評価もされないものでしょう。

そしてもう1つの理由が、本章でご紹介《しょうかい》したＥＱ《イーキュー》を育てるためです。インプットは、アウトプットした瞬間《しゅんかん》に「結果」となります。そして、その「結果」を見ることで（フィードバックを即時《そくじ》に受けることで）、子どもたちの中で、いろいろな感情が動きます。

当日もしくは前日にやった内容をテストすると、多くの生徒が「100点を取れるのがあたり前」という感覚でいたりしますが、実際は、なかなかそうなりません。意外と

70点を取るのがやっとだったりします。また、1日にやる科目数が多ければ、テストの枚数も多くなりますので、なおさら100点を取るのが難しくなります。自分なりにがんばったのに、うまくいかなかったり、あるいは思ったよりうまくいったり……それが露骨《ろこつ》に結果として毎回現われると、子どもたちは大いに「一喜一憂《いっきいちゆう》」をします。その、感情が動いて扁桃体《へんとうたい》がビカビカと刺激《しげき》された瞬間《しゅんかん》、心拍数《しんぱくすう》が上がります。

EQ《イーキュー》を上げるには、そこで「自制《じせい》する」（自分の感情をコントロールする）練習を積み重ねることです。感情をコントロールし、目的を見据《す》え、やるべきことをやれるか——が人生での勝負の分かれ目になります。

いわゆる「激情家《げきじょうか》」だった中学2年生のAさん（僕《ぼく》の教え子）は、ちょっとテスト結果が悪かったり、相手の反応が好ましくなかったりしただけで、すぐにふくれ、目の前で「解答用紙」を破ってゴミ箱に投げ捨てたりしていました。「やる気がなくなった」と塾《じゅく》や学校を休むこともしばしばありました。とにかく、気に入らないことがあると、すぐに投げ出すのです。

Aさんのそういう面に、お母さまも「怒って」いらっしゃいました。あまりに自制心《じせいしん》がなく、すぐに感情をあらわにし、近くにいる人に八つあたりするAさんの態度に対し、「これでは、周囲の人の信頼もなくすし、何かを継続《けいぞく》することもできない。だから友達もできないのだ」と。

このAさんが、塾《じゅく》に入って1週間もしないうちに、他の先生から「問題児」のように扱《あつか》われる姿を見て、僕《ぼく》は、ある手段に出ました。

「研修用のビデオを撮影《さつえい》しています」という張り紙をして、僕《ぼく》の指導《しどう》をビデオに撮《と》ることにしたのです（もちろん、全員の生徒や親御《おやご》さんたちに許可を得て、です）。

僕《ぼく》の本当の目的は、「Aさんの表情や態度の変化の一部始終《しじゅう》を記録すること」でした。そして実際、僕《ぼく》の指導中《しどうちゅう》に、ちょっとしたことで不満げな表情を見せ、自分のテスト用紙をくしゃくしゃに丸める彼女《かのじょ》の姿を撮影《さつえい》できました。

その姿を、後で二人きりになって、僕《ぼく》は彼女に見せました。「これ、どう思う?」と。Aさんは驚《おどろ》いていました。「何これ、恥《は》ずかしい」と。「私、いつもこんな感じなの?先生、もう見たくない」と言うので、「あと3分だから、最後まで目をそらさずに見てみようよ」と促《うなが》し、彼女《かのじょ》は、一瞬《いっしゅん》顔をそむけながらも、恐《おそ》る恐《おそ》る自分の「鬼《おに》のような表情」を見ていました。そして、「これはひどい」と自分で言った後、「知らなかったんです」と言い訳を始めました。「自分がこんな姿だなんて、思ってもいなかった」と。

そこで僕《ぼく》は言いました。「これはもはや、君の中では習慣なんだよ。だから、気を付けてもなかなか変わらないんだよね。でも、時間はかかったとしても、一緒《いっしょ》にこの感情の起伏《きふく》をコントロールできるように、がんばってみない？」と。

Aさんはすぐに「絶対そうしたい」と同意してくれました。それからまずは、「じゃあ、イラっとした瞬間《しゅんかん》に、両腕《りょううで》を上に伸ばして、動かしながら3回だけ深呼吸《しんこきゅう》をしてみよう」と決め、自分で気付いていない場合も、こちらが促《うなが》したら、深呼吸《しんこきゅう》を3回することに決めました。

なぜ両腕《りょううで》を上に伸ばして動かすのかというと、「自分で今、深呼吸《しんこきゅう》をしているんだぞ」というのを実感してもらうためでした。自分が今、自分自身の変化を促《うなが》しているのだ、というのを自覚しやすくしたわけです。

こうして、何日かに1回はビデオで様子を撮影《さつえい》しました。Aさんがほかの先生の指導《しどう》を受けているときも僕《ぼく》がビデオで撮影《さつえい》し続けたのです。そして、自宅でも、自分の姿をビデオで撮《と》るよう提案しました。

自分がどんな「感情」を表出しているのかは、誰《だれ》にとっても、自分で認知するのはとても難しいことです。「客観的に」なることなど、ほとんど不可能に思えます。しかし、現代には「スマートフォン（スマホ）」などの利器があります。ですので、それらを使って動画を撮影《さつえい》することで、自分の「客観的な」姿を把握《はあく》できます。それによって、自分の感情がどう表出されているのかを知り、自分の感情を理解することもできます。

Aさんの場合、これを半年ほど続けたところ、2時間塾《じゅく》にいて、一度も「怒り」を表出しなくなりました。そして、勉強への集中力も、相当上がりました。自宅でも親御《おやご》さんとのケンカがほとんどなくなり、むしろ「お母さん、少し感情的なんじゃない？」と、周囲にも自制《じせい》を促《うなが》せるようになったそうです。

そして、それによって学習の進度もスピードアップし、内申点《ないしんてん》が15上がったという報告を受けました。また、模試《もし》の結果も大幅にアップし、最初に考えていた第1志望の高校よりも、本人が本当は望んでいた難易度《なんいど》が高い高校に進学できたのです。

第3章

子どもたちに贈る、人生観が変わる言葉

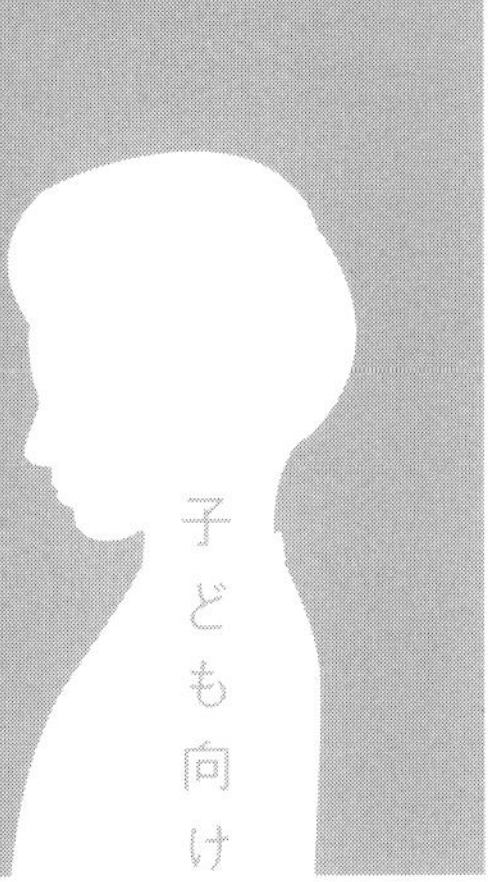

人生や将来《しょうらい》になんだか不安を感じる？　どうしても〝やる気〟が出ない？　無理解な大人に腹が立つ？　生きるのがつらい？　上手《じょうず》な生き方がわからない？　ここからは、そんな人に贈る言葉です。人生なんて、いくらでも変えられるんですから。

【〝みんなと同じ〟をやめよう】今、あなたの目の前に2つの道があります。左は、レッドカーペットがしかれた、楽しそうな道。右は、イバラの道（トゲがはえた道）。あなたは当然、左のレッドカーペットの道を歩きたいですよね？　でも、次の情報を得たら、どうでしょう？　左の道は1キロ、レッドカーペットが続いた後で、その後の99キロはイバラの道が続くんです。いっぽうの右の道は、最初の1キロはイバラの道だけど、その後の99キロは、楽しいレッドカーペットの道が続きます。それならあなたは「やっぱり右の道にしようかな」って考え直すんじゃないでしょうか。

でも、現実には、みんな左の道を選んじゃうんです。最初が楽しそうな道を、ね。なぜかって？　だって、目の前に1キロもレッドカーペットがあったら、その先なんて、見えないじゃない？　1キロから先は、イバラの道になっているなんて、神様の視点じゃないと見えないわけです。真上から、つまり俯瞰《ふかん》から見て初めて、合理的な判断ができるわけなんです。

じゃあ、どうやったら俯瞰《ふかん》して見られるのでしょう？　実は、かんたんな方法があります。それは、〝イケてる大人〟に聞いてみることです。「今、どっちの道を歩んだら、1キロより後が、楽しい道なのか？」。だいたいは「今、周りのみんな（友達）がやっていること＝左の道」が「不正解」なんですよね。それは「イケてない大人がやってきたこと」でもあります。

【人生ってつらいのかな？】二人の大人がいて、片方は、「人生は楽しいし、最高だよ。早く大人になったほうが良いよ」と言ったとします。そしてもう片方が、「人生は、厳しいし大変だし、つらいよ。だから今、学生のうちに、楽しんでおくほうが良いよ」と言ったとします。どっちの言葉を信じるほうが良いのでしょう？

正解は、当然、前者です。だって大人になって、うまくいってないほう（「人生はつらい」と言っているほう）の人の言葉を信じていたら、あなたの人生もつらくなるからです。人生の最初の1キロ（＝学生時代）がレッドカーペットの道（＝楽しい道）だった人は、そりゃ、「学生時代は良かったよ。大人になるとつらいよ」って言いますよね？　ちなみに、僕《ぼく》は、社会に出てからの人生が最高だと思っています。大人になって働きだしたら、あなたにも今よりもっと楽しいことがありますよ。

【人生で成功するために】僕《ぼく》が好きな言葉は、「ノアはいつ箱舟《はこぶね》を作ったか？雨が降る前」。雨が降ってから船を作り始めていたのでは、大洪水《だいこうずい》に間に合いませんよね？　でも、多くの人は、雨が降る前に船を作ろうなんてしないのです。

だから、みんな苦しんで、もがいているのです。

大人で「若いうちに、もっと勉強しておけば良かった」という人がいますよね？　まさに今、土砂降《どしゃぶ》りの中にいて、もがいていて、つらいからそう言うのかもしれません。だから、助けてあげようよ。あなたが船を作ってさ。

【やる気になるために】よく言われる、「やれば、できる」は大ウソです。できないことなんて、いくらでもあります。正しくは「やれば、成長する（伸びる）」。これは、間違いありません。失敗だって最高の「経験」なんですから、それは「成長」の一部なんです。

「どうせ、やったって、できないよ、ムダだよ」「できないとバレたら恥《は》ずかしいから、やらない」という発想は一生を不幸にしてしまう、と知りましょう。「やってみて、できなくても、ちょっとでも成長してる。だから、それで成功だ」「失敗したけど、良い経験になったな。これも成長だよ」と考える習慣を身につけられたら、あなたの人生は、必ずすばらしく輝《かがや》き始めます。

【やる気になるために】人生は選択《せんたく》の積み重ねでできています。今のあなたは、過去にあなたが選んだことの積み重ねでできています。そして、未来のあなたは、今、選んだことの積み重ねで生まれます。だから、「〝過去の自分〟がどうだったか」は、もう忘れましょう。未来の自分がどうありたいか、そこだけ考えて、今何をするかを考えるのです。

「未来の自分が〝どんな自分〟でありたいか」――今大切なのはそれだけ。それだけを考えて、今の行動を選んでみましょう。

「今までもダメだったから、きっと今度もダメさ。ムダ、ムダ」「今の偏差値《へんさち》から考えて、そんな願いは叶《かな》うわけないよ」と思うのはかんたんですが、それらは人生を不幸にする考え方です。ぜひ、「大事なのは、今から何をするかだ。よし、1分だけがんばろう」「今の偏差値《へんさち》なんて過去の話じゃん。これからは、過去を忘れて、したいことだけ目指す人生を選ぶぞ」などと考えるクセを身につけてください。

【成長するための心得】「退屈《たいくつ》だな～」と思ったら、試しに勉強してみましょう。単語を1つだけ覚えるのでもいいし、数学の問題を1問だけ解くのでもいいのです。ちょっとだけ、やってみるわけです。自分が今までできなかったことができるようになることを「成長」と言います。僕《ぼく》は、（学年ビリの子を多数含む）千人以上の生徒と接してきましたが、勉強が嫌いな子はたくさんいても、自分が成長するのが嫌いな子は一人もいませんでした。解答や解説のページを読めば正解が確実にわかる5教科の勉強は、実は自分の成長を実感しやすいものです。ちょっとやるだけで、「昨日より、単語を1個多く覚えた自分」に出会えるからです。

【やる気になるために】勉強をする習慣のない人が、勉強を始めるときには、いきなり計画を立てないほうが良いでしょう。

「まずは1分、机《つくえ》の前に座《すわ》る」ところから始めましょう。1分がきついなら、最初は10秒でもOKです。

ですので、「よーし、今までは0時間だったけど、毎日3時間勉強する計画を立てるぞ！」「（自分の実力からほど遠い）難しい問題集を買ってきて、1ヶ月でやり抜くぞ！」という決意はしないこと。

ぜひ、「今までは0時間だったけど、今日は帰宅して、すぐ机《つくえ》の前に行って1分座《すわ》れたぞ。これだけでも成長だよな」「10分だけ机《つくえ》の前に座《すわ》って、辞書《じしょ》や問題集をぱらぱら見られたぞ。成長したなあ」などと考えるクセをまず、つけましょう。

【やる気になるために】その後のハードルは徐々《じょじょ》に上げていきましょう。勉強の場合は、「時間」を少しずつ伸ばしていく――など。くれぐれも、一気にハードルを上げないこと（これはダイエットなどでも同じです）。

ですので、「昨日は10分、机《つくえ》の前に座《すわ》れたんだし、そろそろ毎日1時間勉強し始めよう」とか「英語の辞書《じしょ》の引き方を覚えたから、そろそろ長文問題にも挑《いど》もうかな」とか考えないことです。「昨日は10分、机《つくえ》の前に座《すわ》れたんだし、ひとまずこれを3日続けられたら、15分にしてみよう」「英語の辞書《じしょ》の引き方を覚えたから、今日は昨日より1つ、英単語を多く調べてみよう」などと考えて行動してください。

焦《あせ》りは禁物です。数ヶ月かけて、本気でエンジンさえかかれば、後々、自然と「もっとやりたい」となって、一気に加速ができるようになるのですから。

【成長するための心得】毎日1％だけの改善を1年続けると、37・78倍になります。つまり100万円持っていたら、3778万円になります。それを2年、3年と続けたら……すぐに億万長者《おくまんちょうじゃ》ですよね。

実はこれ、どんな分野にも共通する「成功法則」なんです。

昨日の自分より、1時間前の自分より、1％でも改善する。そのためにちょっと工夫をする。ノートの取り方、ペンの持ち方、教科書を置く位置や覚え方など。なんでもいいから、少し工夫することを「考えながら」学習してみてください。「その工夫が、正しいか、間違っているか」なんてどうでもいいのです。とにかく、なんでもいいから、日々少しずつ工夫することを意識しましょう。それだけで、あなたの将来《しょうらい》はバラ色になります。

【成長するための心得】この1時間で、一度でもペンや鉛筆《えんぴつ》を持ちましたか？教科書や参考書を開きましたか？　机《つくえ》の前に座《すわ》りましたか？　やってないなら、まずそれをやりましょう。それだけでも成長だし、変化です。

【成長するための心得】最初のハードルを越えられないと、次のハードルは越えられません。そして、最初のハードルはこれにしましょう。「目標を、みんなに声高に宣言する」こと。

【何かをやり抜くために】目標や夢を周囲に語れば、達成しやすくなります。プレッシャーを背負《せお》い、恥《はじ》をかくリスクを負うことで、がんばりやすくなるからです。

【成長するための心得】「あいつは天才だからな」と思った瞬間《しゅんかん》に、次の言葉を言うクセをつけましょう。「でも、自分も天才だ」。

【成長するための心得】よく「努力の天才」と言うけれど、努力なくして天才になった人なんて、いないのです。「あの人は、さして努力していないように見える」って？　それは、努力しているように見せていないか、ずいぶん昔に努力しているんです。

【成長するための心得】勉強に関しては、あなたと誰《だれ》かの間にたいした能力差なんてないのです。負けているとしたら、「メンタル（心がけ）」と「方法論」と「努力の量」の3つのせいにすぎません。

【成長するための心得】「自分はバカだ」と思う人へ。「バカが言うこと」は、正しいと思いますか？　正しくないですよね？　あなたはバカじゃないんです。学年ビリの子を多数含む千人以上の生徒と接してきましたけど、実際はバカな子なんていないんですよ。

【成長するための心得】「自分は天才だ」と思う人へ。すばらしいです。じゃあ、これからは「誰《だれ》もが納得《なっとく》するすごい実績《じっせき》」を出してみせましょう！

【やりたいことの見つけ方】「夢がない」「やりたいことがない」という人は、実は成功しやすいです。「夢がある」「やりたいことがある」という人はすばらしいですね。けれど、市場にそのニーズがないかもしれません。ニーズがない（＝必要とする人がいない）のに、「やりたいからやる」だけですと、社会では認められにくいし、お金も稼《かせ》ぎにくいのです（それでも誰《だれ》かがやるべき仕事はありますが)。もしも「夢がない」「やりたいことがない」なら、「世の中が必要としていることは何か」を考えてみましょう。そして、そこに全力を尽《つ》くしてみましょう。それで成果が出始めると「ああ、これが自分のやりたかったことなんだ。天職なんだ」となりやすいものです。だって、人が喜ぶ仕事をするって、実は楽しいからね。

【成長するための心得】一流の人や輝《かがや》いている人がすごいわけではないのです。実際は、周りがさしてがんばっていないか、悩んで立ち止まっているかだけなのです。意外とすぐにおいつけるし、抜かすことだってできるかも。

【人生で成功するために】「勉強をする意味がわからない」って？　本気で勉強に打ち込んでこなかった人には、わからなくても当然です。それだけ深淵《しんえん》なものだからです。打ち込んだら、意味がわかります。

そして、これは「人生の意味」についても同じなのです。料理の「深さ」や「真の魅力《みりょく》」を、包丁《ほうちょう》を握《にぎ》って間もない人がわからないのと同じですね。

【人生で成功するために】「料理の初心者に、3日で50品目の料理をマスターさせなさい」と言われたら、僕《ぼく》なら3日間、包丁《ほうちょう》の握《にぎ》り方とか、本当に基本的《きほんてき》なことしか教えません。無理して3日で50品目教えようとしたら、きっと「料理が嫌いになる」から。実はこれが一番良くないんです。

「期限は3日」と言われても、人生には必ず4日目があるものです。たとえ、今の目標が達成できなかったとしても、「未来につながる」ことを選んで、他を捨てることも大切です。

【人生で成功するために】人生、どんなことにも「納得《なっとく》いかないこと（理不尽《りふじん》さ）」や「矛盾《むじゅん》」は含まれているものです。それを理由にして、動かないことは、弱さですし、器《うつわ》の小ささです。理不尽《りふじん》さや矛盾《むじゅん》を、そのまま抱《かか》えて、生きていきましょう。それが大人になったときの強さとなり、器《うつわ》の大きさとなります。そこで、納得《なっとく》がいく答えが出るまで動かない、というのは、実は、弱さなんです。文句を言いながらも手を止めず、やるべきことをこなし続けたことで成功した人はたくさんいます。

【やる気になるために】「自信」には、基本《きほん》、根拠《こんきょ》は必要ないのです。そもそも、一度成功していても、次に成功するかなど、わからないもの。だから、「絶対に大丈夫《だいじょうぶ》じゃなきゃ、自信など持てません」などと言っていたら、一生、自信がないまま終わります。自信満々に見える人も、その自信の根拠《こんきょ》は薄弱《はくじゃく》なものです。どうせなら一度しかない人生、自分自身を信じてみませんか？

【人に信じてもらう法】自分を信じていない人が、人に「信じてほしい」と言っても、無理です。

【人に信じてもらう法】人のことが「信じられない」という人は、当然、人からも信じられていません。自分が「信頼」を渡すから、相手もくれるのです。

こっちは渡さずに、そっちだけ寄こせ、と言うのなら、それは強盗《ごうとう》の言い分です。

【成長するための心得】意志あるところに道は開けます、絶対に。（学年ビリの子を多数含む）千人以上の生徒を教えてきて実感していることです。最初はやる気がなくても大丈夫《だいじょうぶ》。意志を持って、30秒がんばるところから始めましょう。

【成長するための心得】僕《ぼく》はあまり、「勉強する」っていう言葉が好きじゃありません。「学習する」というほうがしっくり来ます。僕《ぼく》らは、昔のすごい人たちから学び、習っていくことで、どんどんすてきな存在になっていけるからです。

【人生で成功するために】日本では、「質問がある人？」と聞かれて手を挙げる人は少ないです。これは正直、問題です。誰《だれ》かが話しているときには、必ず「質問」を考えながら聞きましょう。この姿勢こそが、「聞き上手《じょうず》」になるために一番大事なことなのです。そして世の中、「聞き上手《じょうず》」こそが成功するんです（「話し上手《じょうず》」のほうではないですよ）。

【人生で成功するために】スマートフォン（スマホ）を使うのは、絶対ＮＧなわけではありません。ただ、「勉強や調べものに使うため」と主張する場合は、勉強以外のアプリはすべて削除《さくじょ》しましょう。スマホでゲームやＬＩＮＥ《ライン》などにハマっていて成績《せいせき》が上がった生徒を僕《ぼく》は見たことがありません。今しばらくの我慢《がまん》です。

【人生で成功するために】最初の失敗を認めて反省した場合は、その後のホームランにつながる可能性が高まります。最初の失敗をごまかした場合は、いきなり「試合終了《ゲームセット》」「退場！」となる可能性が高まります。

【〝みんなと同じ〟をやめよう】「私は、周囲の人に気に入られようとし続けました。常に空気を読むことを優先しました。そして周囲の人と全く同じことをし続けました」という人で〝社会的に大成功している人〟を、僕《ぼく》は一人も見たことがありません。

【みんなの言う「普通」とは？】「自分は、普通でいいんです」と言う子が多くいますが、その「普通」ってひょっとしてこういうことじゃありませんか？

30歳前後で結婚《けっこん》して、ペットの犬がいて、子どもは二人ぐらいいて、子ども部屋のある家に住み、車も持っていて、保険にも入っていて——とか？　実はそういう生活を送るには、年収《ねんしゅう》700万円ぐらいはないと厳しいです。多くの生徒と話していると、みんなの「普通」は、だいたい年収《ねんしゅう》1200万円ぐらいの生活をイメージしているように感じます。

ドラマの影響《えいきょう》かもしれませんね。たとえば、某《ぼう》ドラマに出てくる主人公《しゅじんこう》の自宅《じたく》は、（高収入な家という設定だとは言え）どう考えても建物だけで5億円はする家の内装《ないそう》になっています。天井《てんじょう》、高すぎだろ！　みたいな。リビングの天井高が3・5メートルはあるというのは、とんでもない超豪邸《ちょうごうてい》の造《つく》りなんです。で、家で普通に使っているグラス、バカラじゃん！　旦那《だんな》さんの腕時計《うでどけい》も、オーデマピゲの300万円ぐらいのモデルじゃん！　（高収入って言うと普通は年収《ねんしゅう》数千万円をイメージするけど）この家の年収《ねんしゅう》は10億円クラスじゃないの？　みたいな……そうした家をドラマでは〝普通に〟見かけますからね。

でも実際は、年収《ねんしゅう》1000万円の人は日本では全体の4・2%（偏差値《へんさち》で言うと67以上）。平均年収《へいきんねんしゅう》は、46歳で421・6万円です（2016年の国税庁の統計より）。

だから、理想の「普通」を目指すなら、今からがんばりましょう。大丈夫《だいじょうぶ》、今からなら、それ以上を望めます。

【人生で成功するために】あなたが耳を傾《かたむ》けるべきは、あなたが尊敬《そんけい》する人の言葉です。もし、周囲にいなかったら、たくさん本を読むと良いでしょう。

特に「古典《こてん》」など昔の人の書いたものがおすすめです。なぜなら、それらは「人類の歴史において、ずーっと読み続けられてきた、すごい内容」ってことだからです。中には千年以上読まれ続けて、人の悩みや苦しみに応《こた》え続けている本もたくさんあるのです。すごいよね。

【人生で成功するために】「温故知新《おんこちしん》」という言葉がありますね。「古典《こてん》」を読んだら、その内容をただ信じるのではなく、自分の血や肉にして取り込んで日々を生きて、そこから「自分なりの考え」を作っていきましょう。それが「勉強する」ことの、本質的な意味でもあります。

【人生で成功するために】お金持ちになりたいなら、貧乏《びんぼう》な人の話より、お金持ちの話を聞いたほうがいいです。〝正しい〟やり方を知っている人は、イヤでもお金持ちになれます。ただ、お金持ちがすべて〝正しい〟わけではないので、そこは疑うことです。

【人生で成功するために】「参考にしてはダメな、たいしたことがない金持ち」と「信じて良い金持ち」の見分け方があります。「自分は金持ちだ」と何かとアピールする人は、たいしたことがありません。東大出であることをやたらとアピールする人（大学を出た後で誇《ほこ》るものが、ほとんどない人）が、たいしたことないのと同じですね。

【人生で成功するために】自分の生い立ち、家族、友達、学校、塾《じゅく》、国——なんでもいいけど、それに対する「グチ」を言っている人は、そうしたグチりたくなる人生なり状況なりを今から自分が変えていけばいいのです。グチって、基本的《きほんてき》に人のせい、他人のせいだと思っているから出てくるもの。今の暮《く》らしがイヤなら、今からがんばって良い大学へ進んで、お金を稼《かせ》いで一人暮《ぐ》らしをすればいいし、仕事を通じてすばらしい人脈《じんみゃく》を築《きず》いてもいいし、海外へ移住したっていいのです。政治家がダメなら自分が政治家になるとか、社会に働きかけをしていく手もあります。

ときには、ストレス発散《はっさん》のためにグチを言うのはいいでしょう。でも、僕《ぼく》たちには「自分の未来を変える力がある」ことは忘れずに。

【人生で成功するために】先生や師匠《ししょう》は絶対に選びましょう。尊敬《そんけい》できる実績《じっせき》があり、あなたの才能を信じてくれる人を探せたらベストです。

【人生で成功するために】親は選べないって？　そんなことはありません。誰《だれ》かの養子《ようし》になればいいので……そこまでしなくても「お父さん」と呼《よ》べる人を作ればいいんです。僕《ぼく》は生物学上の父親とは30年以上会っていないし、興味《きょうみ》もありません。だけど、僕《ぼく》には「お父さん」と呼《よ》ぶ人はいます。僕《ぼく》が大人になって自分で見つけた「お父さん」です。

【人に好かれるために】人から好かれたいなら、その人に好かれようとするのではなく、その人の周囲の人に好かれるようにふるまうと良いのです。

【人に好かれるために】もしも人から嫌われたら、心から誠実《せいじつ》に謝《あやま》ることです。それでも許してくれない人とは、距離《きょり》を置きましょう。

【うまくいかない場合の心得】日本の学校の先生方とうまくやれる人は、国家権力を相手にうまく立ち回れる人。逆に、日本の学校の先生方とうまくいかない人は、日本の枠《わく》に収まらない活躍《かつやく》ができる可能性が高い人。

【人生で成功するために】「我慢《がまん》」は大切。ただし、〝目的を達成する〟ために必要な我慢《がまん》に限っては。

【成長するための心得】テニスの理論を知っていて、プロの映像でテニスを研究している人がいます。そういう人は、だいたいテニスが下手《へた》です。なぜなら、自分のことを分析《ぶんせき》していないから。自分のプレイしている映像を見て研究し、テニスがうまい人の映像と比較《ひかく》しながら自己分析《じこぶんせき》ができれば、テニスも上達しやすいのです。何事も、基本《きほん》はこれと同じです。

【成長するための心得】やり方がわかって、それを「習慣化」さえできれば、何事でも上達していきます。

【人生で成功するために】100個のことに1%ずつ力を使う人は大物にはなれません。1つのことに100%の力を使うほうが、社会では大成功しやすいです。

【うまくいかない場合の心得】うまくいかない場合は、手段と目的が反対になっていないかに注意しましょう。だいたい原因の90％は、それです。あくまでも、目的が大事なのであって、手段は他にもあること、その手段が絶対ではないことを意識しましょう。残りの10％の理由は、疲《つか》れていること。そのときは、思い切って休みましょう。

【人間関係がうまくいく法】もし、誰《だれ》かのことが嫌いで、悩んでいるなら、その人の良いところを20個挙《あ》げてみましょう。無理にでも20個考えていくと、絶対に1つや2つ、本当に良いところが出てきます。そして良いところに目が行くようになると、その人がちょっぴり良い人に思えてきます。ちょっぴりでもそんな目線で相手を見るようになると、「好意の返報性《へんぽうせい》」で、相手もあなたのことをちょっぴり好意的に見るようになります。すると人間関係がより良くなって、「幸せ」を感じやすくなるのです。

【人生で成功するために】人間は、どうしても「感情」で動いてしまう生き物です。好きなものは好きだし、嫌いなものは嫌い。面倒《めんどう》くさい。うざい。むかつく。気持ちいい。楽しい。おいしい——誰《だれ》しも、そういう感情に支配されて動いています。

だからこそ、そのうちの1つの感情だけでもコントロールできるように、日々意識してみましょう。たとえば、「楽しいけど、今は我慢《がまん》する」など。すると、早く「一流」と呼ばれる人になれます。一番おすすめなのは「嫌い」という感情のコントロール。「嫌い、だけど、やる」——これができるようになると、すぐ一流になれます。

【大人に腹が立ったときに】むかつく大人に出会ったら、「今は偉《えら》そうにしてるけど、この人も、小さい頃《ころ》はウンコ漏《も》らしてたんだよなぁ。よくこんなになんでも一人でできるまで育ったもんだよ」なんて、心の中で思うと、少し優しい気持ちになれるかもしれません。

【やる気になるために】5教科の学習自体は、とにかく「超《ちょう》おいしい」です。まず、正解が明確にあって、しかも解き方のパターンまではっきりしています。で、それを覚えて、良い大学に行ったら、日本では一生評価されがちです。わずか数年間の努力とその実績《じっせき》だけで、一生評価されやすいのって、これぐらいじゃないでしょうか。実際は、「5教科が18歳ぐらいのときにできました」というだけのことなのに、一生、高評価がつきまといやすいなんて、超《ちょう》おいしいと思いませんか？

【やる気になるために】嫌いな教科のことは、「苦手」教科ではなく、「発展途上《はってんとじょう》」教科と考えましょう。たとえば「数学は苦手」と思い込んでいると、成績《せいせき》はますます伸びなくなります。苦手なものには、人は手を付けたくなくなるものですからね。なので、それは苦手教科ではなく、「今後の伸び率《りつ》が一番高い教科」だと考えてみましょう。いつも90点以上取れているテストを100点にするのは難しいし、時間もかかります。でも、いつも0点のテストを20点にすることは、30分の学習で可能になったりもするんです。実は、すごい伸び率《りつ》が見込めるわけです。「苦手」と思うと避《さ》けたくなるけど、一番伸び率《りつ》が見込める教科だと思えば、ちょっとは「やろうかな」と思えるかもしれません。そして、「少しだけで、伸びた」といったん感じたら、そこから、あなたの「爆発的《ばくはつてき》な伸《の》び」がスタートするのです。まずは、自分の中の「苦手」という思い込みを変えてみましょう。

【人生で成功するために】「悩む」のと「考える」のとは違います。くよくよと過去のことを「悩む」のはムダで、百害《ひゃくがい》あって一利《いちり》なし。でも、過去を教訓《きょうくん》として、これからどうしようかと「考える」ことはすばらしい。逆に、百利《ひゃくり》あって一害《いちがい》なし、です。でも本当は、「考える」前にチャレンジして失敗する」――これこそが最高です（もちろん危険な行為《こうい》は除きますが）。理想を求めて行動して失敗すると、人はめちゃくちゃ考えます。一害《いちがい》あっても万利《まんり》があるのです。

【人生で成功するために】大学進学の意義は最低でも2つあります。「若いうちに〝自分は成功できる〟と知ること」と「人脈《じんみゃく》を作ること」です。当初、「無理だ」と思えたことだって自分はクリアできる、自分はめちゃくちゃがんばれる人間だと、若くして知るために、受験というチャンスを活《い》かしましょう。そうして、〝自分を信じてがんばれる仲間たち〟と知り合うのです。

【人生で成功するために】一流の大学に行きたいなら、一流の努力をするのはあたり前です。超《ちょう》一流の大学に行きたいなら、超《ちょう》一流の努力をするのもあたり前です。直感的にも「そりゃそうだろうな」って思うでしょう？　だったら、今のあなたの努力は何流ぐらいだと思いますか？　その結果、何流の人生になりそうかを考えてみると良いでしょう。

僕《ぼく》は「勝ち組」「負け組」という言葉は好きではありません。だって、人生なんて複雑なものが、「勝ち」と「負け」の2つに分けられるはずがないですからね。ただ、勉強に限らず、どんな分野においても「超《ちょう》一流」「一流」「二流」「三流」……とか、そういう階層《かいそう》があるのは事実だと思います。現実には、百流ぐらいまであるでしょうね。

で、やっぱり「類は友を呼ぶ」なんです。サッカー好きな人の友達はサッカー好きが多いし、アニメ好きな人の友達はアニメ好きが多いもの。人間って、何かしらの共通点で結ばれやすいんですよね。じゃあ、超《ちょう》一流の人たちとつながるのと、三流の人たちとつながるのとでは、どっちのほうが刺激的《しげきてき》でおもしろいと思いますか？　自分がどこにいたいか？　良い悪いは別にして、日本では、それは学生時代の努力でだいぶ決まってしまうのです。これは勉強に限った話ではありませんが（スポーツや音楽などで超《ちょう》一流を目指すのでも良いでしょう）、才能に関係なく、誰《だれ》でも超《ちょう》一流になれやすいのが5教科の勉強なのです。

【受験のおいしさ】たとえば、東京大学に入学したら、勉強に関しては日本の最上位クラスの人たちと知り合いになれます。ハーバード大学に入学したら、勉強に関しては世界の最上位クラスの人たちと知り合いになれます。受験の目的地は、（スポーツや芸術などの分野での目的地よりも）明確に設定しやすいですし、そこにたどり着くための道のりも一目瞭然《いちもくりょうぜん》です。ただ、どう行くかには無限のルートがあります。それがいかに遠い道のりで、人それぞれでかかる時間は変わってくるとしても、一歩一歩、自分の足で歩いていけば、必ずたどり着ける目的地になっているのが、受験のおいしいところです。

【人生で成功するために】「超《ちょう》一流」とは、どういうことでしょう？　すごい実績《じっせき》を持っていることはもちろんです。その上で、「その人が自然と、普段《ふだん》からやっていること自体が、自分磨《みが》きになっている」ことが必要です。結果、その分野に関しての洞察力《どうさつりょく》（深く考えて推理《すいり》し、本質を見抜く力）が桁外《けたはず》れに高くなってくると、「超《ちょう》一流」と呼《よ》ばれます。大丈夫《だいじょうぶ》、本書でおすすめしている習慣を身につけていくと、日々、超《ちょう》一流の自分磨《みが》きができます。

【最初に志望校を決めよう】志望校を決めることは、地図の上で目的地を定めるのと同じことなんです。最初に目的地を明確にして、それからスマートフォン（スマホ）などでルートを調べながら進むほうが、安心できて、確実ですよね？

【〝みんなと同じ〟をやめよう】「天才」という言葉の「才」は「角《かど》」と語源《ごげん》が同じだという説があります。剣先《けんさき》などのとがった部分のことなのだそうです。天が与えた「とんがった部分」、それが「才」。それを、多くの大人は、丸くさせようとし続けてきます。だから「天才」じゃなくなってしまうんですよね。あなたはホントは天才なのに。

【〝みんなと同じ〟をやめよう】とんがって生きませんか？　とんがり続けていたら、あなたはきっと「天才」か「バカ」と呼ばれます。結果を出した後は「天才」と呼ばれますが、結果を出す前は「バカ」だと言われるかと思います。ちなみに、ビリギャルさやかちゃんもそうでした。高校2年の夏に全国模試《もし》の5教科の偏差値《へんさち》が30で、小学校の教材からやり直し始めたとき、周囲から「ガリベンバカ」と笑われたそうです。それがいつしか周囲からも応援《おうえん》されるようになり、1年で英語の偏差値《へんさち》を40上げて、慶應義塾《けいおうぎじゅく》大学に現役合格できたのです。

【〝みんなと同じ〟をやめよう】「英語」が得意なら、外資系の企業で働こうとするのではなくて、「漁業《ぎょぎょう》に携《たずさ》わろう」などと考えるのがおすすめです。「プログラミング」が得意なら、IT《アイティー》系の企業で働くのじゃなくて、「農業《のうぎょう》に携《たずさ》わろう」などと考えるほうがおすすめです。
得意なことがあったら、それを全く使わない職に就《つ》くことを考えてみましょう。その世界で、成功しやすくなりますよ。だって、〝英語を使った、漁業《ぎょぎょう》に関するビジネスの新展開〟ができたり、〝農業《のうぎょう》の問題をプログラミングで解決〟できたりすると考えたら、わくわくしませんか？

【人生で成功するために】勉強でもビジネスでも大切なのは、「グー・チョキ・パー」だと覚えましょう。まず、1つのことに集中しましょう（グー）。その分野で一番（あるいは上位10%）になったら、2つのことをやり始めましょう（チョキ）。それで成功したら、どんどん多角化していきます（パー）。1つも成功していないうちから、いきなりいろいろやろうとする人が、学生にも社会人にも多すぎます。だからうまくいかないのです。学生の方は、まずは1教科に集中してみてください。それが成功法則です。

【人生で成功するために】実は、人生はシンプルです。欲求をコントロールするか、欲求にコントロールされるかしかありません。食べたいだけ食べると、どんどん太り、体を壊《こわ》すのが普通です。酒を飲みたいだけ飲んでいると、いずれ肝臓《かんぞう》や脳を悪くします。遊びたいだけ遊んでいると、無知になって人生で損をします。もしもあなたの親が、腹が立つからとあなたを叱《しか》ってばかりいたら、あなただってグレるか萎縮《いしゅく》しますよね？ つまり、その逆で、欲求をうまくコントロールできると、勉強もダイエットも、あらゆることがうまくいきだすのです。欲求に支配されないこと。

【人生で成功するために】欲求をコントロールしたかったら、まずは「封印《ふういん》」してみることです。マンガ本を段《だん》ボールに入れて、ガムテープでぐるぐる巻きにするとか。テレビの画面に「見たら落ちる」と書いた貼《は》り紙をするとか。財布《さいふ》に入っているお札《さつ》やクレジットカードをゴムで何重にも巻くとか。勉強の最強の敵《てき》ともなるスマートフォン（スマホ）は引き出しに入れて、「○時〜×時までの間にこの引き出しを開けたら落ちる！」と書いた貼《は》り紙をするとかしてみましょう。あなたの親が、叱《しか》り癖《ぐせ》がある人なら、あなたが家に帰った後で「叱《しか》りません」と書いたマスクをしてもらう手もあるかもしれません。

【大人に腹が立ったときに】「お客様は神様です」と言いますが、世の中、実際は「スポンサー（お金を出してくれる人）は神様です」が正しいのです。親は我慢《がまん》強くお金を出してくれるほうだけれど、結構《けっこう》細かく口出ししてくるスポンサーと言えます。スポンサーへの態度が、本当にそれでいいのか、考えてみましょう。改めて感謝《かんしゃ》の念も湧《わ》いてくるのでは？

【大人に腹が立ったときに】自分がやりたいことを反対された場合。社会に出てからの「プレゼン力（プレゼンテーション力）」を鍛《きた》える機会だと思って、企画書を書いて、「デメリットよりメリットのほうが大きい」とアピールしてみましょう。将来《しょうらい》、その経験が絶対役に立ちます。

【大人に腹が立ったときに】「なんで、わかってくれないんだろう？」と腹が立ったときに考えると良いこと。「〝自分の気持ち〟を、〝他人が理解してくれる〟と思っているほうがおかしい」――そう考えてみましょう。みんな、自分の気持ちの理解ですら、なかなかできていないものなのですから。

【大人に腹が立ったときに】「家族」の目的は、お互《たが》いの夢を叶《かな》える手助けをし合うことだと考えてみましょう。あなたは、自分の家族それぞれの夢を、知っていますか？

【友達のことで悩んだら】「友達」を無理に作る必要はありません。だからといって、「敵《てき》」は作らないようにしましょう。そのためには、人への攻撃《こうげき》はしないこと。攻撃《こうげき》したら、すぐに、あるいは後で「反撃《はんげき》される」のが普通ですからね。軽い気持ちで言う、中途半端《ちゅうとはんぱ》な陰口《かげぐち》や噂話《うわさばなし》が一番敵《てき》を作りますので、要注意です。

【人生で成功するために】信じられるのは、「記憶《きおく》」より「記録《きろく》」です。「記憶《きおく》」は平気で脳内で書き換《か》えられますので、あてになりません。いっぽうの「記録《きろく》」は、人生の武器にも防具にもなりえます。ですので、「日記をつけること」は、〝人生を成功させる習慣〟と言えます。1行でも、1枚でもいいので、毎日何かを記録《きろく》する習慣を身につけてみましょう。大人になってからは、フェイスブックやインスタグラムなどのSNSを利用するのでもいいし（非公開の場のほうがおすすめですが）、何かを写真に撮《と》っておくだけでも良いのです。

【勘違《かんちが》いして道を誤《あやま》らないために】「自分は、昔の〝記憶《きおく》〟を鮮明《せんめい》に覚えています」と主張する人がいます。だけど、「記録《きろく》」と突《つ》き合わせると、それがいかに「嘘《うそ》」かがわかるものです（僕《ぼく》は日記をつけているので、人々の〝記憶《きおく》〟がいかに間違いだらけか、実感しています）。「記憶《きおく》」が怖《こわ》いのは、本人に嘘《うそ》をついている自覚がないことです。何度も言いますが、記憶《きおく》は、（良きにつけ悪しきにつけ）都合良く、どんどん書き換《か》えられていくということです。

【成長するための心得】目の前で話を聞いている人が、①メモを取りながら一生懸命《いっしょうけんめい》聞いている場合と、②時々あくびをしながら、いい加減に聞いている場合。あなたが話し手なら、どっちの人に、より良い情報を与えようとするでしょう？　授業中の先生も同じ気持ちなのです。そして、学生時代に①の練習をしておくと、社会に出てからこそ、大いに役に立つはずです。

【成長するための心得】あくまでも「学ぶ」のが目的だと意識しましょう。問違っても、「授業に出席する」とか「学校に行く」とか「長時間席に座《すわ》っている」ことが目的ではない、ということです。

【成長するための心得】塾《じゅく》は、自分の人生に「活用する」ものであって、「所属する」ものではないのです。学校だって同じことです。

【成長するための心得】何の分野でも良いのです。超《ちょう》一流を目指してみましょう。すると、他の分野の超《ちょう》一流と知り合いやすくなり、人生が急速に楽しくなっていきます。

【自分探しをする人へ】アイデンティティ（自我《じが》同一性）とは、要は「他人との違い」から確立していくものです。「足が速い」「計算が速い」「絵を描くのが得意」など、個の特徴《とくちょう》はすべて、他者との比較《ひかく》から生まれてきます。つまり、アイデンティティは、他者と比較《ひかく》した結果の集合体なのです。よって、自分の中だけでモノを考えている人は、いくら自分探しをしても、うまくいきません。

【志望校を選ぶ際の心得】どの集団も「働き者2」：「普通6」：「怠《なま》け者2」の比率《ひりつ》に分かれるという説があります（働きバチの法則）。それに従えば、レベルの高い高校に無理して行くと、最後の「怠《なま》け者2」の集団に入る可能性が高まります。自分の実力通りの高校なら、2：6：2のどこに入るかは「運」や「巡《めぐ》り合わせ」（担当《たんとう》の先生が好きだったなど）で決まってきます。上位の「働き者2」に入るか否かは、ごく初期に決まりやすいです。たとえば、高校に入ってすぐの大きなテストで上位に入ると、それを維持《いじ》しようと「働き者」に入ったりします。どうしてもうまくいかなくなったら、「集団を変わる」手もあるでしょう。

【大人に腹が立ったときに】大人とよく話し合った結果、折《お》り合えないとわかったら、大人に従ったふりをしておくほうが何かとお得でしょう（もちろん、犯罪をして来い、などと言われた場合は別ですが）。世代も価値観も違うため、子どもの言い分をどうしても「理解」できない大人というのは、確かに存在します。そうした大人と、怒って決裂《けつれつ》しても、お互《たが》いに傷つきますし、良いことはまずありません。特定の大人をどうしても許せない人は、将来《しょうらい》、あなたに圧倒的《あっとうてき》な力がついてから、思い切り言い返してやればいいでしょう。でもね、ほとんどの場合、きっとその頃《ころ》にはどうでもよくなっていると、僕《ぼく》が保証します。

【大人に腹が立ったときに】大人は「過去」の経験から「正しい」ことを言ってくるものです。だけど、あなたは、「未来」のために、「今」を生きましょう。あなたは、今は間違っているかもしれないけれど、いずれ正しくなります。大事なのは、筋だけは通すようにしておくこと。「筋って何か」って？ それは、「〝あなたが大切に思う人〟のために、全力を尽《つ》くす」こと。これさえ守って生きていれば必ず、未来のあなたは「正しく」なれます。

【大人に腹が立ったときに】親との確執《かくしつ》は、みんな、多かれ少なかれあります。多くの場合は、親に完璧《かんぺき》さを求めているから、そうなるのです。自分に対して怒ってきたり、指導《しどう》したりしてくる人間は、「完璧《かんぺき》」であってほしいですよね？　でも、実際は「完璧《かんぺき》」とはほど遠い。なのに、なんで自分のことは棚《たな》に上げて、怒ってくるんだ？　――と。でも、その理屈《りくつ》ですと、この世の誰《だれ》も、あなたの指導《しどう》ができなくなります。人間はみんな、「完璧《かんぺき》」からはほど遠い存在です。僕《ぼく》もそう。千人以上の生徒を指導《しどう》してきましたけれど、僕《ぼく》自身、未熟《みじゅく》そのものです。だから、僕《ぼく》の座右《ざゆう》の銘《めい》の1つは、「自分のことは棚《たな》に上げろ」です。「他の人も、みんなそれでいいのだ」と思って赦《ゆる》し合っていきませんか。親にも他人にも、過度《かど》な完璧《かんぺき》さを求めないほうが、世の中、うまくいくと思いませんか？

【協調性《きょうちょうせい》か？　個の力か？】

「協調性《きょうちょうせい》が大事」とよく言われますよね？　そして、「これからは、個の力が大事」ともよく言われますね？　実は、これはどちらも正解なんです。初心者のときは協調性《きょうちょうせい》が大事で、上級者になると個の力が大事になるからです。

ですので、まずは、みんなと仲良くしておきましょう。その上で、「これからの時代、みんなと違うことをする人のほうが、最初はバカにされても、いずれは成功するんだ」という思いも、偉人伝《いじんでん》や、成功しているビジネスマンの本を読むなどして、心の中に育てておくことです。

【人生で成功するために】「宝くじでもあたらないかなあ」と思ったことはありませんか？　実は、確実にあてられる方法があるんです。知りたいですか？　それは「全部」買うことです。バカバカしい？　でも実は、これはすべての成功法則にあてはまるんです。

「確実に成功する」ためには、泥臭《どろくさ》く、目的地につながっていると思える「すべて」の道を経験してみようとすることです。そうして目的地に何度も行けるようになったら、徐々《じょじょ》に「効率化《こうりつか》」ができるようになり、楽に、しかも早く成功できるようになります。

【効率的《こうりつてき》な勉強法】 生徒の多くが、「効率的《こうりつてき》な勉強法を教えてください」と聞いてきます。だけど、「効率化《こうりつか》」は、かなりの「量をこなしてから」できることなのです。「効率化《こうりつか》」を考えるのは、学年で上位1割に入ってからでも遅くありません。まずは、目の前の対策を、がむしゃらにやってみることも大事です（そのときには、本書巻末の付録《ふろく》ページが大いに役に立つでしょう）。

【効率的《こうりつてき》な勉強法】「効率化《こうりつか》」をはかるには、まず「結構《けっこう》やっている」という状態がないと無理です。ベッドに寝転《ねころ》んでお菓子《かし》を食べながら「効率的《こうりつてき》にダイエットしたいんですけど？」と聞いてくる人に対しては、「え、おかしくない？」って思いますよね？　でも、なぜか勉強だと、多くの人がそれを聞いてくるんです。まずは「非効率《ひこうりつ》」かもしれなくても、がむしゃらにできることをやってみましょう。

【効率的《こうりつてき》な勉強法】「自分は要領《ようりょう》が悪くて……」と言う人がいます。実はこれは、「センス」の問題ではありません。「かなりの量をこなした」後で、いろいろな分野で「効率化《こうりつか》」ができるようになって初めて、「要領《ようりょう》の良さ」が生まれるのです。

【人生で最重要な能力とは？】　人生で、〃一番身につけるべき能力〃は何だと思いますか？　それは実は、「人を育てる能力」です。なぜでしょう？　それは、自分が楽できるから、です。

ちょっと考えてみたら、わかります。自分ががんばってできるようになったことを、誰《だれ》かに伝授して、そっくりそのままできるようになってもらえたら——そこはその人に任せて、自分はもっと他のチャレンジができますよね？　そうした部下をたくさん育てられたら、自分は楽をしながら、より大きな規模《きぼ》で利益を生むことができ、より大きな社会貢献《こうけん》もできるようになります。会社の経営なら、どんどん事業拡大をしていけ、より大きな影響力《えいきょうりょく》を社会に対して持てるようになるのです。

【小言ばかり言って育てると?】もしもあなたが、人を育てる際に、相手に小言ばかり言っていたらどうなるでしょう? 相手は自信を無くし、あなたの顔も見たくなくなるでしょう。そうやって子どもを育てたら、その子は自信がないので、社会に出るのが怖くなるでしょう。そうして、ニートになって、親(あなた)のすねをかじりまくって、挙《あ》げ句《く》の果てに、親に用がなくなったら、顔も見せなくなるかもしれません。だって、小言ばかり言う人に、近づきたくないじゃない?

ですから、もしもあなたが人を育てる側に回ったら、自分の後輩《こうはい》や部下、子どもには、あまり小言を言わないようにしてあげてくださいね。

【自分を〝ダメだ〟と思う人へ】劣等感《れっとうかん》自体は、生物に必要なものです。劣等感《れっとうかん》がないと、すべてと戦ってしまい、死期が早まるためです。ですから、劣等感《れっとうかん》があることで悩む必要はありません。それは自然に備わっている、大切な感覚だと考えましょう。そう割り切って、劣等感《れっとうかん》を「誰《だれ》にだって、いつだってあるもの」だと割り切って、うまくコントロールして生きるのです。

【これで、〝できる人〟になる】人が何かをできない理由は、「やり方（知識・技能）がわからない」か「（やり方はわかっていても）継続《けいぞく》できない」か、です。
①まず、「結果に直結する行動は何か？」を分析《ぶんせき》し、「やり方」を文で表現してみましょう。→②次に、それらをリストアップし、1つ1つにチェックボックスを設定しましょう。→③その上で、リストアップした行動を（チェックボックスに印をつけながら）すべて実行していき、反復《はんぷく》トレーニングをしましょう。→④こうして練習を重ねることで、どんなことでも、いずれ気楽に「できる」状態になります。

【集中力が出ないとき、どうするか？】勉強に集中できないとき、どうすれば良いのでしょうか？　この答えは「人それぞれ」です。たとえば、少し走ってみる、コーヒーを飲んでみる、集中できなくても5分は続けてみる、5分だけ読書をしてみる、頭を切り換《か》えて違う教科をやってみる――など。どれが自分に合うのか、自分なりに工夫してみて、それを試し、効果を計測《けいそく》し続けて、最適化をはかっていくことが大事です。こうした、仮説を立て、実践《じっせん》し、効果を測定《そくてい》し、最適化していく流れを「あたり前」にできるようになると、将来《しょうらい》、社会人としても成功しやすくなります。

人生は選択《せんたく》の積み重ねで差がつく

僕《ぼく》たちは100年近い人生の中で多くの選択《せんたく》をします。計算すると、(睡眠《すいみん》時間を除くと)60万時間ぐらいの間に、さまざまな決断や無意識の選択《せんたく》をしているようです。

たとえば、朝何時に起きるのか。午前8時には学校に着くとして、朝7時半に目覚めるという選択《せんたく》もあれば、早めの朝5時に起きるという選択《せんたく》もできます。この時点で膨大《ぼうだい》な数の選択肢《せんたくし》の中から選んでいるわけです。

仮に朝6時に起きようという選択《せんたく》をして目覚ましをかけたとします。そして朝6時に目覚ましが鳴り、そこでふと考えます。「あと1時間半も余裕があるじゃないか」と。そして目覚ましを結局、朝7時半にセットしなおして寝なおすという選択《せんたく》もできます。でもそこで、意を決して起きて、顔を洗い、歯《は》を磨《みが》き、朝食の前に1時間、自己啓発書《じこけいはつしょ》を読むという選択《せんたく》もできます。これを続けた場合と、そうじゃない場合とで、1年後には、どんな差が出るでしょうか。

365時間の読書時間の差ができます。1冊の本を仮に10時間で読み終えるとすると、約36冊の本が読めます。1冊につき約10万字の文字量とすると、朝の1時間だけで年360万字の情報に触《ふ》れる人生と、ゼロの人生に分かれるのです。これを10年続ければ、3600万字の差になります。

しかも、これらはすべて「複利《ふくり》」になっています。毎日1%の成長を1年間続けて、それが積み重なっていく場合、37・78倍になります。身長が1メートルの子が毎日1%の成長を1年間続けると、1年後には身長が約38メートルになるわけです。ちょっとしたウルトラマンぐらいの身長になれるわけです。もちろん「身長が1%ずつ成長し続ける」ということはありえませんが、「知識」や「世界観」を1%ずつ広げることは可能です。

ちなみに、学生時代の僕《ぼく》は、「明日から朝は4時起きにしよう！ そして勉強しよう！」と決めて、「今日は、だから夜9時には寝よう！」と考えて、結局、次の日はいつもと変わらない朝8時に起きて、「ただ睡眠《すいみん》時間が増えた」ということをくり返していました。そのおかげで、いたって健康になりました（笑）。でも、そのときの定期テストが最悪の結果になり、「これはいかん」と一念発起《いちねんほっき》した経験があります。

こうした経験から、怠惰《たいだ》な人にも優しくなれました。これも成長です（笑）。

第4章

勉強・教育のとらえ方を変えてみる

指導者向け

指導《しどう》や教育がうまくいかないのは、親御《おやご》さんや指導者側《しどうしゃ》の勉強や教育のとらえ方が、少しずれているせいかも。本章で、発想の転換《てんかん》をぜひはかってみてください。

【勉強は本当は楽しい】日本では、小学校で6年、中学校で3年、高校で3年と、12年間勉強をしてきた結果、多くの人が「勉強は、好きではない」と言います。民間の習い事（趣味《しゅみ》のテニススクールなど）なら、つぶれているレベルです。「知らないことを知る」「成長を実感できる」ことは、本来は楽しいことのはずなのですが。

【やる気を出してもらう法】「×を、○にする」のが勉強です。本来、×だったものが○に変わるのは、どの子にとっても楽しい経験のはずです。それにより、「自己効力感《じここうりょくかん》（自分が行動することで、何かプラスの影響《えいきょう》を、自分やその周囲に与えられるという感覚）」を得られるからです。やる気を出してもらうには、まずは「×を、〇にする」小さな体験を積み重ねてもらうことから始めましょう。

【勉強は本当は楽しい】「勉強」は、子どもが自《みずか》らの「成長」を実感するにはうってつけのものです。成績《せいせき》が伸びれば、周囲からも褒《ほ》められやすく、尊敬《そんけい》されやすいのが「勉強」だからです。「自己肯定感《じここうていかん》」を養《やしな》う（＝自信と幸福を感じやすい人間になる）のには最高のものの1つです。

【勉強なんて怖くない】「5教科（英語・国語・数学・理科・社会）の勉強」には、「正解がある」「解き方がはっきりしている」「パターン学習ができる」という特徴《とくちょう》があります。世の中にこれほど明快《めいかい》なものはそうありません。よって、「時間とペース配分がうまくいけば、誰《だれ》にでもできる」ものなのです。

【勉強なんて怖くない】「勉強」の特徴《とくちょう》をさらに列記してみましょう。

①体系化され、課程《かてい》がしっかりしており、弱点を見つけやすい。
②正解があるので弱点を改善しやすく、自《みずか》らの成長を実感しやすい。
③がんばった結果（テストの点や入試の合否）が明快に出る。

【勉強ができるようになる法】「本を読んだら、勉強ができるようになる」というのは間違いです。「本を読んで、その内容を頭の中で映像化《えいぞうか》できたら、勉強ができるようになる」が正解です。

【勉強ができるようになる法】「学ぶ」＝「マネぶ」ためには、意味や背景《はいけい》をよく聞くことです。そこをよく聞かないと、「マネ」ることはできません。

【勉強ができるようになる法】勉強は「先生次第」のところもあります。好きな先生の教科・科目は、成績《せいせき》が良くなりやすいものです。インターネット等も活用して、好きになれる先生の授業動画等を探してみる手もあります。

【子どもを伸ばせる指導者《しどうしゃ》】「学ぶ」＝「マネぶ」には、「先行オーガナイザー」が有効です。たとえば、英語圏《けん》の学生に仏教を学んでもらう際に、まず「キリスト教」のことを思い出してもらってから、「キリスト教のイエスにあたる人が、（内実はかなり違うとはいえ）仏教の開祖《かいそ》である仏陀《ぶっだ》です」と伝えると、学習がしやすくなります。このように、新しいことを学ぶ際に、先に思い出してもらうと良い枠組《わくぐ》みのことを「先行オーガナイザー」と呼びます。

子どもが、誰《だれ》かのことを尊敬《そんけい》している場合は、何かを学ぶ際に、その人のことを「先行オーガナイザー」として認識します。そして、その尊敬《そんけい》する人がやっていたり、できたりしていることも、「先行オーガナイザー」の役割を果たします。そうなってから、その「先行オーガナイザー」に子どもが教えを請《こ》い、そこで「教えてもらえない」というステップを踏《ふ》むと、その人のことを「真剣に」マネようという姿勢が生まれます。しかし、最初は、なかなかうまくいきません。それで、子どもは、マネるための試行錯誤《しこうさくご》をくり返すようになります。これこそが、親や指導者《しどうしゃ》が目指すべきスタイルです。こうした過程《かてい》を経て、生徒が何かをマスターする成功体験を何回も積み重ねると、今後、その生徒は、あらゆる分野で師匠《ししょう》（先行オーガナイザー）を最初に見いだし、あらゆることをマネて、自学自習していくようになっていきます。

ですので、親や指導者《しどうしゃ》は、まずは「尊敬《そんけい》される」「あこがれられる」ことが大切です。「私、○○さんみたいになりたいんです」と言われたら、親や指導者《しどうしゃ》が「先行オーガナイザー」になった証明《しょうめい》です。

【子どもを伸ばせる指導《しどう》とは？】子どもは親の「言うこと」は聞きませんが、親が「すること」はマネるものです。

【子どもを改善する指導術《しどうじゅつ》】子どもが「全然わからない」と言った場合は、「思考停止」「思考拒否」の状態です。本人が気付いていない、その子の小さな成長ポイントを指摘《してき》し、「はっ」とさせることができたら、(「メタ認知」が起こって)次第に自信が身についていき、「思考」してくれるようになります。

【子どもを改善する指導術《しどうじゅつ》】子どもが、あと1年では合格できないと思われる状態でも、「この子は1年で合格する」と信じて全力で応援《おうえん》・指導《しどう》をしないと、その翌年《よくねん》でも無理となります。

【現代の学校について】学校は重要です。正確に言うと「毎日、先生と生徒が会える場」という意味で重要です。にもかかわらず、学校がうまく機能していないのはもったいないことです。学校の変革をするだけで、世の中は大きく変わり、人材も大きく伸びていくでしょう。

【現代の学校について】学校の先生方の多くは、実は本当にがんばっています。しかし、学校の「システム」が良くありません。学力・性格・理解力が違う子どもが30～40人も同じ教室で同じ授業を受けるのでは、非効率《ひこうりつ》にならざるをえません。ですので、学校と学習進度がうまく合わない子に関しては、本書巻末の付録《ふろく》ページなどを利用して自学自習に取り組んでください。

【現代の学校について】 教育カリキュラムは、本来は「教育者のヴィジョン」にそって存在するものであるはずです。しかし、現在の〝学校の〟カリキュラムは、「平均的《へいきんてき》な人間をつくること」に重きを置いているかのようです。これでは、これからの社会に必要な〝イノベーションの精神（新しい価値を創造する変革の精神）〟は養《やしな》われにくいです。ぜひ、他との協調性《きょうちょうせい》を育《はぐ》みつつも、「平均《へいきん》」にとらわれない人材育成をしたいものです。

【子どもを伸ばせる指導《しどう》とは？】指導《しどう》を受ける側に「その作業をこなすだけの土台があるかないか」で、「計画」が必要かどうかが決まります。土台がない子には、作業をこなすための「計画」が絶対に必要です。大目標へ到達するための小目標を、低いハードルで小刻《こきざ》みに計画していきましょう。たとえば、「帰宅したら、机《つくえ》の前に1分座る」、次は「2分座る」から始まって、「辞書《じしょ》の引き方を覚える」などのステップを踏《ふ》んでもらいましょう。

【子どもを伸ばせる指導《しどう》とは？】「勉強を教えてあげる」というスタンスは誤《あやま》りです。6割正解、4割不正解となりそうな教材を渡して（高校2年生に小学3年生の教材を渡すこともあります）、ほぼ全部を自分一人でやってもらうことです。そして、一緒《いっしょ》に答え合わせをしながら、類題《るいだい》をその場で出して、即答《そくとう》してもらえるとベストです。このスタンスで3ヶ月、自習を継続《けいぞく》してもらうと、必ず、めざましい成果が出てきます。

【受験勉強の心得】「基本《きほん》」とは「知識を得ること」。「応用」とは、「基本《きほん》を〝いつ〟〝どうやって〟使うかということ」。

【子どもを伸ばせる指導《しどう》とは？】テストとは、「出題者と、受ける人との頭脳《ずのう》ゲーム」だと考えてもらいましょう。そして、「出題者の意図を予測《よそく》する」子に育てましょう。ただなんとなく問題を解くのではなく、「この教科書なら、ここが問題になりそう」と、自分で予測《よそく》する楽しみを覚えてもらうことが大切です。

【子どもを伸ばせる指導《しどう》とは？】受験は山登りと同じです。「サンクコスト効果（ここまでやってきたんだから、それを無駄《むだ》にはしたくない、今さら後には引けないと思うような心理効果）」を使って勉強を続けてもらうと良いでしょう。この「サンクコスト効果」が出るところまで問題集（薄《うす》いものでもOK）などを何冊か解けたら、しめたものです。

【難関《なんかん》大学の受験とは？】フルマラソンは42・195キロを走ります。時間がいくらかかっても良いのなら、誰《だれ》でも必ずゴールできる道のりです。しかし多くの人は「そもそも、やろうともしない」ものです。難関《なんかん》大学の受験もフルマラソンと同じです。

【難関大学《なんかん》への合格のために】学力とは、究極的《きゅうきょくてき》には「読み書き」「そろばん（基本的《きほんてき》な計算力）」のことです。これらの能力がないと、難関《なんかん》大学への合格は不可能です。

【受験勉強の効能】「知識」や「思考力」は、ただ「テストのため」とか「良い学校に行くため」のものではありません。「自分を守るため」のものです。

【やる気を出してもらうために】勉強は、自分でやるものです。どんな名講師《めいこうし》でも、勉強を代わりにやってあげることはできません。「いかに集中力が必要か」を日々実感してもらい、「集中してやったら、これだけの効果が出る」という成長体験を積み重ねてもらえば、誰《だれ》でも自分でやるようになります。

【本物の学力をつけるために】人間は「見たいもの」しか見ない生き物です。そして、記憶《きおく》も、しばしば「見たいように」置き換《か》わっていきます。よって、指導者《しどうしゃ》は、客観的に物事を見る必要があります。それには、データや記録《きろく》がどうしても必要です。

【本物の学力をつけるために】科学の基本《きほん》は「観察《かんさつ》」と「記録《きろく》」。子どもの勉強や成長に関しては、必ず記録《きろく》を残しておきましょう。科学は万能ではありませんが、科学は、実験・検証により、すぐ間違いに気付けるのが利点です。

【科学的アプローチについて】科学とは、1メートル定規《じょうぎ》のようなものです。数メートルぐらいなら、かなり正確に測《はか》れますが、キロメートルになると、途端《とたん》にうまく測《はか》れなくなります。逆にミクロの世界も無理ですね。でも、ないよりは、はるかに良いものです。

【本物の学力をつけるために】「経験」は「記録《きろく》」することで得られます。「記録《きろく》」にもとづかない「経験」はただの「カン」です。「記録《きろく》」とは「数字」のことです。子どもの現実を「数字」で知らずして、対策を練らないことです。

その上で、データにもとづいた予測《よそく》をしましょう。予測《よそく》は、（「経験」にもとづいて行なうのではなく）「データ」にもとづいて行なってください。そして、予測《よそく》（仮説）を立てるときは〝全力で〟。

【子どもの解答と質問からわかること】「解答」からは、その子どもの学習の現状がよくわかりますが、「質問」からも、その子の〝知性〟の現状がわかります。「質問」の内容や切り口に変化がないか注意して、質問を聞いてください。

【子どもを伸ばせる指導《しどう》とは？】「うまくいったね」「うまくいかなかったね」といった評価は、ほぼ無意味です。結果を「数字で」判断できるようにしないと〝分析《ぶんせき》〟ができません（＝〝実績《じっせき》〟にはなりません）。たとえば、「3回連続で偏差値《へんさち》が2ずつアップ」といった言い方を、指導《しどう》の場でもしましょう。

【情報を読み解く】「情報」とは、生のデータを〝何らかの視点で〟加工したもののことです。よって、誰《だれ》かが発信した「情報」を読んだり見たり聞いたりするときには常に、「その〝生データ〟は何か?」、そして「〝どんな視点で〟加工されているか」を探ってから、指導《しどう》しなければなりません。

【「要領《ようりょう》が悪い」と叱《しか》る前に】ペットボトルの水をコップに注《そそ》ぐ行動を僕《ぼく》が分解してみたところ、だいたい29の項目になりました（まず、縦長《たてなが》の透明《とうめい》な容器の真ん中あたりを順手で持ちます。次に……といった具合）。子どもや部下と「あうん」の呼吸《こきゅう》で話が通じるようになるまでは、本当はそれぐらいかみ砕《くだ》いて、指示を出す必要があります。

【子どもを伸ばせる指導《しどう》とは？】 世の中には、A（正《せい》）とB（反《はん》）という相反《あいはん》する方法があり、それぞれに一長一短があるケースがほとんどです。そこで、その両方の良いとこ取りをしたC（合《ごう》）という方法を発明することを心がけましょう。

たとえば、先生が生徒に知識を与える「授業」（A＝正）と、生徒が自分で参考書をもとに勉強する「自習」（B＝反）の良いとこ取りをした仕組みが、「反転授業」（C＝合）です。これは、生徒が自習・予習した結果を、先生がチェックし、生徒個々に合わせた進度で、宿題を与えていく学習法です。

【子どもを伸ばせる指導《しどう》とは？】 ある一定数の量をこなし、PDCAサイクル（①計画→②実行→③評価→④改善→①計画→②実行……と続いていくサイクル）をくり返すことで、高品質なものがより短時間で生まれるようになります。ビジネスでは一般的《いっぱんてき》な手法ですが、受験勉強を効果的に進める際にも有効です。

【とらえ方を変えて平常心《へいじょうしん》を保つ】職場《しょくば》に海外から英語で電話がかかってきて、うまく対応できなかった場合——みなさん、自分の英語力のなさを嘆きますが、実際は、英語力の問題ではないのです。これは、ふだんは爆笑《ばくしょう》を取れる人でも、テレビカメラの前では全然おもしろくなくなったりするのと同じことです。つまり、「ある場面」に、自《みずか》らが勝手に〝意味づけ〟をし、「恥《はじ》をかきたくない」と思いすぎて、自分自身に急激《きゅうげき》に「正しさ」を求め、自《みずか》らをがんじがらめにすることで、自分の能力の低下を招《まね》いているわけです。

いっぽう「間違ってあたり前」「笑いを取れなくてあたり前」と認識している人で、かつ、「テレビだから」などという特別な〝意味づけ〟をあまりしない人は、比較的《ひかくてき》うまく対応できたりします。

要は、能力の問題ではなく、認知（物事をどうとらえるか）の問題なのです。

それを「慣れ」と呼ぶ人もいますが、実は「認知構造の転換《てんかん》」を必要としているケースが多いものです。とはいえ確かに、この「間違ってあたり前」「恥《は》ずかしいことなど、自分にはない」という風に認知を転換《てんかん》させるには、練習が必要となります。

こうした、常に平常心《へいじょうしん》を保つ練習は、受験にも役立ちます。


【平常心《へいじょうしん》を保つ重要性】親も子も「レジリエンス（resilience ＝困難や不幸などから立ち直る力）」を育てましょう。そのためには、物事に一喜一憂《いっきいちゆう》しない練習をすることです。

【人間力を育てる教育とは？】僕《ぼく》（坪田《つぼた》）が「子どもとすごしていて楽しい」と思う理由は、受験勉強という〝ヒリヒリ感〟の中で、人間的な弱さが見つかったり、笑いが生まれたりすることにあります。真剣勝負の中でこそ生まれる、笑いながらつっこみ合える関係性が、子どもを指導する上でもっとも大事なことだとも言えます。そうしないと、「人間力」は育たないからです。ただ傷のなめ合いをする仲間になるだけでは、いけません。実は社会に出てからも結局同じことで、「なあなあ」の家族付き合いのような状況下《じょうきょうか》ではビジネスの成功は難しいものです。

【教育をする際の心得】教育の目的は、①自信をつけさせること、②居場所《いばしょ》を作ること、③他者への敬意《けいい》を抱《いだ》かせることの3つです。

【教育をする際の心得】現代の教育は、「自分で考える」ことより、「知識をインストールすること（詰《つ》め込むこと）」に偏《かたよ》りすぎています。そのため〝主体的に行動する〟クセがついていない子が多いです。

【教育をする際の心得】子どもを相手にした親や教育者は、①「耕《たがや》す」こと、②「希望」を与えること、③「強く」することを心がけましょう。子どもを「強く」するには、「自分で考える」習慣を身につけさせること。

【教育をする際の心得】人は「土壌《どじょう》」のようなものです。稲《いね》が生長しやすい土壌《どじょう》のほかに、トマトに向く土壌《どじょう》、メロンに向く土壌《どじょう》など、本当はいろいろあるはずなのに、現代日本では、とにかく一律《いちりつ》に稲《いね》だけ植えて、稲《いね》が育たないと「ダメ」とされがちです。別にトマトでもメロンでも良いはず。その子の土壌《どじょう》に合った目的を設定し、しっかり耕《たがや》しましょう。

【教育をする際の心得】18歳までは、①社会生活に耐《た》えうる力、②人間関係の築《きず》き方、③失敗からの立ち直り方などを身につける時期と言えます。ですが、それを短期間（数ヶ月など）で身につけさせようとしてはいけません。

【成績《せいせき》アップのためにできること】親や指導者《しどうしゃ》の計画の立て方。↓「（子どもではなく）自分がどうするか？」を計画しましょう。

【教育をする際の心得】「就職《しゅうしょく》できる・できない」は本来、学力とは関係ありません。親や教育者がそこをしっかり認識しておきましょう。

【教育をする際の心得】指導《しどう》に際しては、〝科学と情熱の融合《ゆうごう》〟が必要です。つまり、〝人を動かす（変える）〟には「再現性のある科学的アプローチ」と「情熱」がともに大切ということです。

人は感動すると動きますが、理屈《りくつ》だけではなかなか動かないものです。ただ、〝人を動かす〟には、〝データにもとづく再現性〟も重要です。

たとえば、「相手の顔をよく見て指導《しどう》しよう」という場合、「ビデオカメラで客観的にその様子を撮影《さつえい》し、何％の時間、相手の顔を見ていたら効果があったのかデータを集める」など。

【教育をする際の心得】受験を通して、「〝絶対無理！〟と思うことも、方法や気持ち次第でクリアできるんだな」という感覚を味わってもらうことが大切。この経験が、大人になってから、苦しいときに必ず役に立ちます。

【教育をする際の心得】教育・指導《しどう》にあたっては、最善を期待し、最悪に備えましょう。

【教育をする際の心得】指導者《しどうしゃ》は常に、相手が「この人に会えて、良かった！」と後で思ってくれるように意識して行動しましょう。親もまた、「この親で、本当に良かった！」と後年、子どもに思われるよう意識しましょう。

【塾《じゅく》へ行ってもらうならここをチェック!】良い塾《じゅく》の選び方。

①まず、塾《じゅく》へ行って話を聞きましょう。

②話を聞いて、感動したら「行かない」という選択肢《せんたくし》を消します。塾《じゅく》にとっての最初の〝営業の場〟で、親子が〝やる気〟にならないようでは、その塾《じゅく》は、どうしようもありません。

③次の、講師《こうし》との初回の顔合わせで、「すごく良かった」という思いが子どもにあれば、その塾《じゅく》に決めても良いでしょう。そうでない場合は、子どもがまず継続《けいぞく》できないと思います。

間違っても、「一番近くの塾《じゅく》だから」といった理由で塾《じゅく》を決めないことです。

リフレーミングの練習～×を○にするのが勉強

僕《ぼく》の教え子で、東京大学（東大）の最難関《さいなんかん》学部である理科三類に合格したB君。彼《かれ》は当初は理科三類に合格するレベルにはなく、あるときなど、東大模試《もし》の数学で1桁《けた》の点数を取ってしまい、顔面蒼白《そうはく》になっていました。そして「もうダメだ。死んだほうがましだ。恥《は》ずかしい。この結果は、親にも見せられない」と嘆《なげ》いていました。

僕《ぼく》は、「てかさ、もっと良い点が取れると思っていたの？」と彼《かれ》に聞きました。すると「いや、こんな感じだろうなと思ってました。全然手ごたえがなかったんで」とのこと。

そこで、「だったら、大丈夫《だいじょうぶ》だよ。自分が何がわかっていなくて、何がわかっているのか、現状がどうなのか、それをちゃんとわかっているなら、問題ない。僕《ぼく》なんか昔、死ぬほど勉強して、テストの手ごたえもめちゃくちゃあって、これは満点に違いないと思っていたら4点だったことがあるからな」と笑うと、「え？　先生もですか？　それ10点満点での話ですか？」と満面の笑《え》みになって返してくるB君。

「もちろん、100点満点での話だよ（笑）！　でもね、違うのよ。実際、僕《ぼく》は100点より4点で良かった、と思ったんだよね」

「どういうことですか？」

「だってさ、ちゃんと勉強したんだからさ、その単元に関して100分の4しか理解していない、ってことはないわけ。たまたま自分がわかっていないところばかりが出題されたってことなんだよ。逆に100点だったからといって喜ぶのはおかしいんだよ。だってさ、どんな単元でもパーフェクトに理解していることなんてありえないじゃない？たまたまテストのときに自分が理解しているところだけが出たわけでしょ？　模試《もし》なんてさ、それ自体が本番じゃなくて練習なんだからさ、自分ができていないところ（×のところ）を指摘してもらったほうが、自分の成長（×が○になること）につながるだろ？」

「なるほど～（笑）。でも、先生は、100点だと思って4点だったんですよね？」

「そうだよ。○だと思って、×だったんだよ。でも、だいたい女の子へのアプローチでもなんでも、そんなもんでしょ」

こうして、B君は「今は×でも、それを1つずつ○にすれば良いだけなんだ」という精神で、見事にリスタートを切ることができたのでした。

第5章

実際に成績《せいせき》を伸ばすために

ここからは、実際《じっさい》に成績《せいせき》を伸ばすために役立つ言葉です。伸び悩んでいる人ほど、いくつかの発想の転換《てんかん》ができる言葉により、爆発的《ばくはつてき》に伸びるものです。

【成績《せいせき》アップのスタートはこう切ろう！】コトを始めるにあたっては、「最終目標」と「直近目標」を設定しましょう。「最終目標」は、あなたが〝こうなれたら、いいな〟とワクワクできる高い目標のことです。ですので、そこへ向かう途中《とちゅう》で「達成は無理かも」と、しばしば挫折感《ざせつかん》を覚えるのがあたり前と考えてください。

そこで心を折《お》らず、継続《けいぞく》するために必要となるのが「直近目標」です。「直近目標」は「1分だけ机《つくえ》の前に座《すわ》る」→「1問だけ問題を解く」……など、かんたんに達成していける小さなステップにしてください。何事も一番たいへんなのは、最初の頃《ころ》です。勢いがつけば、後で一気に「最終目標」めがけて突《つ》き進めるようになることは保証します。

【成績《せいせき》アップのスタートはこう切ろう！】「身近な目標」として、「クラス内でベストの成績《せいせき》を出している人」などを設定するのも良いことです。その場合は、自分との違いをよく観察《かんさつ》し、その人の行動パターンをさりげなく、しかし、徹底《てってい》してマネてみましょう。

【成績《せいせき》アップのスタートはこう切ろう！】「目的」と「目標」は違います。目的は「まと」で、目標は「道しるべ」です。「目的」を達成するために、「目標」を設定すると考えてください。この2つを混同《こんどう》して、「目標がすべて」にならないようにしましょう。たとえば、目的＝合格と設定したのに、「この問題集を、○○までに絶対全部やり終えないと」などと思いすぎないこと。

【成績《せいせき》アップのためにできること】〝「目的」に対する手段（目標）が合っているか？〟は、常にチェックしましょう。「目的」のために、「目標」はいくらでも見直して良いのです。

【合格のための実践的《じっせんてき》心得】（センター試験ではなく）本番の入試では、（東京大学などの難関《なんかん》大学の試験でも）7割以上を取る必要はないのが普通です。むしろ、7割以上を目指すと、ムダな努力が増えるものです。

【合格のための実践的《じっせんてき》心得】受験を、スポーツだと考えてみましょう。野球やサッカーは、対戦相手より1点でも多く取れば勝ちですよね。受験も同じで、合格最低点を取れば良いのです。合格最低点を取るための効率性《こうりつせい》をどう上げていくかを考えて、目標を設定しましょう。

【成績《せいせき》アップのためにできること】常に「届きそうで、届かない。だけど、ギリギリ届きそう」という感覚で学習できるのが理想です。「○が6割、×が4割になりそうな問題集をやる」のも、その一環《いっかん》です（フロー理論）。ぜひ書店店頭などでそういう問題集を探してみてください。

【成功のための実践的《じっせんてき》心得】受験成功のために身につけるべきは「予測力《よそくりょく》」です。人生成功のために身につけるべきなのもまた、「予測力《よそくりょく》」です。

【成功のための実践的心得《じっせんてきこころえ》】受験においてもっとも価値が高いのは「時間」です。人生においてもっとも価値が高いものもまた「時間」です。

【合格のための実践的心得《じっせんてきこころえ》】最低限《さいていげん》必要な「予測力《よそくりょく》」には、2つあります。それは①「できそうか、できなさそうか」と、②「どのくらい時間がかかるか」です。それを予測《よそく》できると、受験も人生も「効率《こうりつ》」が圧倒的《あっとうてき》に良くなります。

【効果的な勉強法、教えます！】効果的《こうかてき》に勉強するためのポイントをまとめてお伝えしておきます。

①**自分が「（テストや問題集で）間違った問題」のみを集めたノートを作成しましょう。勉強はしょせん「×のものを○にしていく作業」にすぎ**

ません。ですので、間違った問題だけを「間違いノート」に蓄積《ちくせき》していって、それだけを、できるようになるまで、やり直せば良いのです。

②とはいえ、「間違いノート」は、自己分析《じこぶんせき》のための一手段にすぎません。自己分析《じこぶんせき》ができるようになったら、「間違いノート」は不要となります。

③タイムプレッシャーの中で勉強すること。具体的には、キッチンタイマーなどを利用して、「このぐらいの時間で解けそうだな」と思う時間の8割の制限時間内で、常に問題を解くようにしましょう。

④可視化《かしか》を意識して勉強しましょう。↓ゲームが楽しいのは、自分の行動や選択《せんたく》がすぐに「ダメージや経験値の数値」「敵《てき》への勝利」などの結果となって目の前の画面に現われるからです。

　勉強に関しては、自分が制限《せいげん》時間内に今日は何問解けたか、問題集を何ページ進められたか、1ヶ月で何冊の薄《うす》い問題集をクリアできたか——などをその都度記録してみましょう。そして以前の自分と、その記録を競《きそ》ってみるわけです。

最初のうちは、帰宅後、何秒で机《つくえ》の前に座《すわ》れたか、何秒後に教科書を開けたか、といった記録でも構いません。
⑤英単語を覚えるために「多読《たどく》」をするのは効率《こうりつ》が悪いです。→2000語覚えるためには、10万語の英語の文章を読む必要があるとされています。よって上級者向きの学習法です。英単語は英単語集で覚えましょう。
⑥勉強ができない人間はいません。できない理由は、ほとんどの場合、「教科書や問題集の解説を真剣に読んでいない」ことです。
⑦応用とは「基本《きほん》」を「いつ」「どのように」使うか知っていることです。応用力をつけるには、常に「なぜ自分は、今この方程式を使っているのか？」などを意識することです。

【合格のための実践的心得《じっせんてき》】入試問題（テスト）では、余計な説明をする余地はありません。書いてある答えがすべてです。よって、パッと見て理解できない解答文は0点となります。

【合格のための実践的心得《じっせんてき》】受験で大切なことは、次の3つです。

①【戦略】まずは、受験する本命大学の入試傾向《けいこう》の情報を得ることです。たとえば、慶應義塾《けいおうぎじゅく》大学 経済学部の日本史の問題は西暦《せいれき》1600年以降からしか出ません。あるいは、早稲田《わせだ》大学の入試問題は教科書以外から出題されることが多い、など。最初に、このように挑《いど》む相手のことをよくよく知ってから、攻略《こうりゃく》作戦を立てましょう。

②【日々の訓練《くんれん》】月間計画表を作成しましょう。日々のノルマ達成を目

指しましょう。個別の「間違いノート」の作成と復習をしましょう。

③【火事場のバカ力《ぢから》】最後の1ヶ月のあがき（ラストスパート）のことです。日々の努力をしてきた人には、効果があることもあります。ただし、100回に1回でも成功したらもうけものぐらいに考えて、絶対にあてにはしないで計画を立てましょう。

【合格のための実践的《じっせんてき》心得】「処理能力」を高める練習を毎日してみましょう。

たとえば、明日の授業の準備をする作業や、部屋の掃除《そうじ》などを、いかに手際《てぎわ》よく行なうかを意識してみるのです。家から学校へ歩く時間をストップウォッチで測《はか》って、自己《じこ》最高記録《きろく》を出そうと意識するなど、あらゆることでこうした遊びをすると、勉強も仕事もできる人間になりやすいです。

【効果的な勉強法、教えます!】暗記について。

①暗記は、反復が基本《きほん》です。自分に必要だと思うことだけを反復しましょう。

②「印象」が強いと一発で覚え、かつ一生忘れなくなります。

③その「印象」は、「いかに感情と結びつけられるか」が鍵《かぎ》となります。

④「感情」は「ギャップ」から生まれやすいです。たとえば、ネガティブな感情からポジティブな感情へ移行したときには2倍印象的になります。

⑤ですから、なんらかの印象的なギャップ（感情の落差）を伴《ともな》うようにして反復練習をすると、暗記がはかどります。

⑥たとえば、覚えたい単語を、真っ赤な色でおどろおどろしく巨大《きょだい》なサイズで紙に書いて、トイレや冷蔵庫《れいぞうこ》の扉《とびら》などのよく目にする場所に貼《は》

り出すなどしてみましょう。

【合格のための実践的《じっせんてき》心得】「パッシブな知識（受け身で聞いた知識）」は忘却《ぼうきゃく》が早いものです。「アクティブな知識（本人が何か働きかけをして、取り入れた知識）」は忘却《ぼうきゃく》しにくいものです。

【合格のための実践的《じっせんてき》心得】ビジネスの世界では一般《いっぱん》に、売り上げの80％は20％のお客さんが生み出すとされます。受験においても、（志望大学の配点などを調べて）大事だと思う20％のことを優先させ、残り80％は後回しにすることです（本書巻末の付録《ふろく》ページを参考にしてください）。

【効果的な勉強法、教えます！】学習の難しさをかんたんに変える方法があります。それは、〝時間をコントロールする〟ことです。1桁《けた》の足し算を超難問《ちょうなんもん》にするには、たとえば「10問を2秒で解く」といった設定にするだけで、半分も解けなくなってしまうわけです。ですので、自分にとって「難易度《なんいど》が下がってきたな」「これぐらいならかんたんにできるな」と思ったら、制限時間を短くしてみると良いのです。

【効果的な勉強法、教えます！】話の長い先生の授業を聞いていて、「つまらないな」と思ったら、こう考えてみましょう。「これは、要約《ようやく》練習の課題を与えてくれているんだな」と。そして、今の長ったらしい話を30文字でまとめると、どうなるだろう？　などと考えてみるわけです。ぜひ、話のポイントを押さえながら、話を短くしてみてください。さらにそれを1分で考えてみるなど、自分なりに課題設定をしながら授業を聞くと、どんどん賢《かしこ》くなれます。

【効果的な勉強法、教えます！】眠《ねむ》くなったとき、どう勉強したら良いのでしょうか。「立ちながら勉強する」とか、「空気イスをしながら勉強する」とか、工夫をしてみましょう。

【効果的な勉強法、教えます！】模擬《もぎ》試験は、〝力を測《はか》るためのもの〟ではなく、〝力をつけるためのもの〟と考えてください。つまり、次のような訓練《くんれん》の場だと意識して受けるのです。

①本番と近い環境《かんきょう》で試験を受ける訓練《くんれん》
②修羅場《しゅらば》をくぐり抜ける訓練《くんれん》
③時間配分の訓練《くんれん》
④どういう問題が出てくるかの確認訓練《くんれん》
⑤後で、解けなかったことを解けるようにする訓練《くんれん》

【効果的な勉強法、教えます！】「志望大学の過去問を早めにやると、解答を覚えてしまうので、直前にやり直したときに良い点が出るのはあたり前。なので、過去問は直前までやりません」という生徒がいます。ですが、覚えているわけがないので、大丈夫《だいじょうぶ》です。そんなに記憶力《きおくりょく》が良いなら、英単語なんて、もう一発で覚えているはずですからね。

ですので、さっさと早めに過去問をやって、「その志望校があなたに求めていること」を一刻《いっこく》も早く知るほうが良いのです。

【効果的な勉強法、教えます！】 とはいえ、過去問を解くときには、「後で同じ過去問を解き直した際に、必ず満点が取れるように」取り組んでください。なぜ、そのように〝過去問を何度も解く必要〟があるのでしょうか。それは、（「内容理解」とは関係なく）「解く手順」を自分の中で「常識化《じょうしきか》・機械化《きかいか》（機械的《きかいてき》にできるようにする）」するためです。

具体的には、①大問の何番から解くのか？　②どういう順番で解いていくと、自分は得点を取りやすいのか？　③自分の中の知識とどう結びつけて解くのか？　④その大学の入試には、どういう引っ掛け方の傾向《けいこう》があるのか？

――これらを自分の中で「常識化《じょうしきか》・機械化《きかいか》・無意識化・固定化」させて、ぼーっ

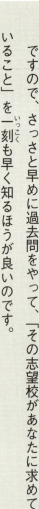

としていても、その通りにやれば解けるという状態になることが大切なのです。この訓練《くんれん》をしておくと、本番で、試験の傾向《けいこう》が変わった瞬間《しゅんかん》にすぐ「違和感《いわかん》」を抱《いだ》けます。すると、何を後回しにすべきで、何を〝意識して〟解くべきか、そして、絶対にミスなくこなすべきなのはどこか？　がわかるようになるのです。

【英語へのやる気を出すために】英語を学習する意味はなんでしょう？　たとえば、インターネットの世界では、日本語で読める範囲はわずかです。これに対して、英語で読める範囲は圧倒的《あっとうてき》に膨大《ぼうだい》です。世界視野の情報源を得られれば、それだけ楽しいし、物事がよく見えてくるし、真実により近づけます。ゲーム好きな人へは、「英語ができると、日本語になっていない多くの海外ゲームがめいっぱい遊べるし、外国人と会話しながら冒険したりもできるよ」とおすすめしたいですね。もちろん、英語が話せたら、デートしたり結婚《けっこん》したりできる人々の対象も一気に広がりますね。

【英語の成績《せいせき》を伸ばす法】英語の「電子辞書《じしょ》」と「紙の辞書《じしょ》」の使い分け方。基本《きほん》、「電子辞書《じしょ》」は、受験英単語をマスター済みの人向けです（1回つづりを入力したら終わりですので）。いっぽう、「紙の辞書《じしょ》」は、受験英単語を学びつつある人向けと言えます。何度もつづりを確認しながら辞書《じしょ》を引くことになりますので、記憶《きおく》に定着させやすいためです。紙であればさらに、その英単語を何回引いているか書き込んでおくことで、「え、この単語を調べるの、もう4回目？」などと感情が動くので、より記憶《きおく》に残りやすくなる効果もあります。

【英語の成績《せいせき》を伸ばす法】「英語の学習」でもっとも大切なのは「単語」です。英単語の意味は、つづりとその訳語を1対1対応で覚えるのではなく、その英単語の持つ「すべての意味」から「その単語の持つ、本質的なイメージ」を理解して覚えるようにしてください。たとえば、「library」には普通、「図書館」という訳語をあてますが、「書庫、物知り、知識の泉、蔵書《ぞうしょ》」などの意味もあり、全体のイメージとしては、「たくさん知識が詰《つ》まっているところ」といった感じです。昔、ある生徒が「His father has a large library.」を「彼《かれ》のお父さんは大きな図書館を持っています」と訳してきて、「んなわけあるかい！（笑）」となったことがありました（一般的《いっぱんてき》な訳は、「彼《かれ》のお父さんは大きな書斎《しょさい》を持っています」です。もちろん、お父さんが図書館を所持しているまれなケースもあるでしょうが）。

辞書《じしょ》には単語の意味がいくつも載《の》っていますが、英語のネイティブ（英語を母国語にする人）がそれを全部覚えているわけではありません。英単語に附属《ふぞく》する共通のイメージ（単語の本質的な意味）を心に抱《いだ》きつつ、話の文脈《ぶんみゃく》を見て意味を判定しながら彼《かれ》らは話しているわけです。ぜひ、その境地《きょうち》を目指しましょう。

【国語の成績《せいせき》を伸ばす法】「国語の学習」でもっとも大切なものも「単語」です。単語の意味があやふやなままでは、文の意味を正確には理解できません。文の意味があやふやなままでは、段落《だんらく》の意味を正確には理解できません。段落《だんらく》の意味があやふやなままでは、文章全体の意味を正確に理解できるわけもありません。ですので、意味があやふやな「単語」を目にしたら、いつでもどこでも辞書《じしょ》を引くクセをつけましょう。

【すべてに通じる読解力《どっかいりょく》を伸ばす法】「読解力《どっかいりょく》」の差は、「国語力の差」ではなく、「文章の奥に込められた思いやメッセージを読み解こう」という意志を持って読もうとしているのか、文字を見ているだけなのかの差です。「読み解こう」とする意思を習慣化できれば、実績《じっせき》はついてきます。人の話も、それを〝読み解こう〟と集中して聞くことを1年続けてみましょう。必ず、圧倒的《あっとうてき》な差になってきます。この力は、どの教科・科目の質問文を読み解く際にも、必ず効いてきます。

【すべてに通じる読解力《どっかいりょく》を伸ばす法】まず、「文章は、一般《いっぱん》に、何らかの結論に向かって書かれている」と意識しましょう。よって、読解《どっかい》の際に大切なことは、次の手順を踏《ふ》むことです。

①「テーマ（訴《うった》えたい主題・要旨《ようし》）が何かを探る」こと。

②「（多くの場合、）最後の段落がまとめであることがほとんどなので、まずそこを読む」こと。

③「段落ごとに、テーマを語るための役割があるので、それらをまとめていく」こと。たとえば、「第一段落＝問題提起《ていき》、第二段落＝例示、第三段落＝反対意見の例示、第四段落＝主張のまとめ」など。

【すべてに通じる読解力《どっかいりょく》を伸ばす法】読書をするときは、要約《ようやく》しながら読むクセを身につけましょう。一読した後で、誰《だれ》かに、要約《ようやく》した内容をパッと短く、効果的に話すことを意識して読むと良いのです。実際、その要約《ようやく》を親などに話して、相手に感動やメッセージが伝わるか、確認してみるとなお良いでしょう。

【すべてに通じる読解力《どっかいりょく》を伸ばす法】「読書」とは、作者・筆者との「対話」です。評論文《ひょうろんぶん》などを読む際は、前段落を読んでいる最中に、筆者の言い分への質問を考え、次の段落の内容を予測《よそく》しながら読んでいきましょう。そして、あなたの抱《いだ》いた質問への答えが、その段落に書いてあるかを確認していくのです。これで「読解力《どっかいりょく》」が飛躍的《ひやくてき》に上がっていきます。

【すべてに通じる読解力《どっかいりょく》を伸ばす法】手紙やメールを読むときは、「どうしてこういう内容が届いたのか?」「本当はどういう気持ちを訴《うった》えたいのか?」など、その背景《はいけい》をよく考えてから読むようにしてみましょう。

【すべてに通じる読解力《どっかいりょく》を伸ばす法】「日記」を毎日つけましょう。特に、〝その日、初めて出会った人〟のことなどは「レーダーチャート」などで必ず書き出しましょう。レーダーチャートの項目は、相手に合わせて変えていきます。「ユーモアのセンス10点」「笑顔《えがお》の良さ7点」「話を合わせる力3点」といった具合です。そうして後日、それが合っていたか、何度か見返して、修正してください。これで、読解力《どっかいりょく》や論理性がぐんぐん身についていきます。

【文章力を伸ばすために】多くの人に読んでもらいたい文章を書く際には、笑わせた後で、一言、説教や教訓《きょうくん》を書けるとベストです。まじめなだけでは、なかなか読んでもらえません。堅苦《かたくる》しい文章では、いまや名文でも厳しい時代です。作文をする際にも、意識してみてください。読ませる文章になりやすくなります。

【すべてに通じる読解力《どっかいりょく》を伸ばす法】文章を誤読《ごどく》する理由は、主に次の2つです。

①自分の価値観中心で考えすぎている（書き手の立場に立って読んでいない）。

②自分の行動の型が決まっていない（朝、歯《は》を磨《みが》いた後で、顔を洗って、クリームを塗《ぬ》り……といった毎日の行動パターンが、日によって違うと、読み方も間違えてしまう傾向《けいこう》があります。そこが安定しないと、文章を読み間違えやすいようです）。

【すべてに通じる読解力《どっかいりょく》を伸ばす法】新聞や雑誌《ざっし》、ネットなどで記事やブログを読むときに考えると良いこと。

①この記事の読者対象は誰《だれ》か？

②記事が書かれた目的は何か？

③この記事を書いた人はどんな背景《はいけい》を持った人だと思われるか？
④アクセスさえ増えればいいと思って書かれていないか？

【すべてに通じる読解力《どっかいりょく》を伸ばす法】売れる本は、次の３つを満たしている傾向《けいこう》があります。

①キャラクターがはっきりしている。
②笑いがある。
③登場人物が苦難を乗り越える。

――これらを意識して読むだけでも、読解力《どっかいりょく》が伸びていきます。

【すべてに通じる読解力《どっかいりょく》を伸ばす法】さらに「読解力《どっかいりょく》」を高める方法。たとえば、「『こんにちは。私の名前はセヴァン鈴木です』という文章から何がわかるか？」を考えてみましょう。

①「こんにちは」から、今の時間帯が推測《すいそく》できる。

②「名乗っている」ので、初対面の場だと推測《すいそく》できる。

③「名前」から、ハーフの方であると推測《すいそく》できる。

――など（あるいは、〝セヴァン鈴木〟は日本人の芸名で、「以前、お会いしたのを覚えていますか？」といったニュアンスで話しかけてきている、芸能人なので夜でも「こんにちは」と言った――というレアなケースを思い浮かべてもＯＫです）。ことあるごとに、こうした「読み解き（推測《すいそく》）」をくり返していくと、次第に読解力《どっかいりょく》がついていきます。

【すべてに通じる読解力《どっかいりょく》を伸ばす法】「読解力《どっかいりょく》」を高める、より手っ取り早い方法として、「文章を、状況《じょうきょう》をイメージしながら、めちゃくちゃ感情的に読む」という手法もあります。先の例なら、「こんにちは。私の名前はセヴァン鈴木です」を、感情を込めて、演技《えんぎ》しながら発話してみるわけです。たとえば、川端康成《かわばたやすなり》の『雪国』の書き出し、「国境の長いトンネルを抜けると雪国であった。」などを、情景や空気感、温度感をイメージしながら何度もナレーションしてみます。「暗い世界を抜けて、鮮烈《せんれつ》な、明るく清潔《せいけつ》な世界に出るこの書き出しのイメージが、作品全体のテーマ性をも表現しているのではないか」などと推測《すいそく》していくと（こちらも、はずれていてもOKです）、読解力《どっかいりょく》はぐんぐんついていきます。できれば、1日に1つは、名文を音読して、このようにいろいろ推測《すいそく》してみること。これだけで学力は、かんたんに上がっていきます。

【すべてに通じる読解力《どっかいりょく》を伸ばす法】常に本質的な部分や、本質につながる背景《はいけい》を考えてみるクセをつけましょう。「これって、英語を話す人々はもともと狩猟民族《しゅりょうみんぞく》で、自分たち日本人は農耕民族《のうこうみんぞく》だから、こういう発想の違いが生まれるんじゃないのかな?」など。筋さえ通っているなら、自分なりの仮説でも良いのです。あるいはそこから興味《きょうみ》を覚えたら、専門書などをあたってみるのも良いことです。

【小論文の成績《せいせき》を伸ばす法】試験での小論文の書き方のコツは、次の4つです。

①まず、大きな数字で攻《せ》める（例：20XX年の「所得の格差」ランキングで日本は世界で34位である）。

②具体的な部分では細かい数字を記す（例：日本の子どもの約Y人に1人は貧困《ひんこん》

状態であり、そのうちZ%が……）。
③苦労話は具体的に目に浮かぶように書く。
④ネガティブな表現に終始《しゅうし》しない。

【小論文の成績《せいせき》を伸ばす法】小論文を書くときは、論理展開の順番がとても大切です。基本的《きほんてき》には、次の順で書けば良いでしょう。

①前提《ぜんてい》→「客観的データ」と「自分の経験」の2つを書く。
②それに対する、自分の考えを書く。
③それに対する、予想される反論を書く。
④それを自分で論破《ろんぱ》して、結論を書く。

――流れとしては、マクロ（大きな話）からミクロ（細部の話）へと展開させ、最後に再びマクロで結論づけるほうが、うまくいきやすいでしょう。

【数学の成績《せいせき》を伸ばす法】「数学の学習」でもっとも大切なものは「計算力」です。「計算する必要がない状態」（暗算ができる状態）の幅をより広くすることが「数学を得意にする」近道です。

「計算」に関しては、みんな最初は指で数えていましたよね？　それが中学生にでもなったら、「3＋2は？」と言われて、指を折《お》りながら「3に、2だから、ええと、1、2、3、4、5」と計算している人はほとんどいないと思います。

この「計算しなくても良い」レベルの幅が広ければ広いほど数学の力があると言えるのです。

実際、理系の大学入試の数学では基本的《きほんてき》に「微分《びぶん》・積分《せきぶん》」が重要ですが、そこでも完全に「計算力」が問われています。

数学は「計算に始まり、計算に終わる」と言っても良いのです。膨大《ぼうだい》な量をこなせる計算力を身につけた人が、「高度な（少なくとも、そう見える）」ことをやっているだけなのです。ですので、数学に苦手意識がある人は、「計算」を小学校の基礎《きそ》からやり直していきましょう。

とにかく、数学は「計算力」がすべてなので、「そろばん」や「公文式《くもんしき》」などを習っていた子は、今、数学が苦手でも、「白チャート（『新課程チャート式基礎《きそ》と演習 数学I＋A』（チャート研究所 編／数研出版 刊））」を始めると、急激《きゅうげき》に伸びるケースが多いです（本書巻末の付録《ふろく》ページもご参照）。


【数学の成績《せいせき》を伸ばす法】他の教科・科目ができて、数学のみが苦手な人物の多くは、「大《おお》ざっぱで雑《ざつ》」です。それが「計算力」のなさにもつながるのです。そこを意識して慎重《しんちょう》に問題に挑《いど》むようになれば、すぐに成績《せいせき》が伸びていきます。

【数学の成績《せいせき》を伸ばす法】「中学受験の算数」と「大学受験の数学」はまったく違うものだと認識して、学習しましょう。

【数学の成績《せいせき》を伸ばす法】センター試験の「数学ⅠA」「数学ⅡB」で点数を取るためにやるべきことは2つあります。1つは、センター試験の数学は完全に「暗記科目」だと思って、公式の暗記を徹底《てってい》することです。もう1つは、長期間かけて「計算力」を訓練《くんれん》することです。厳しい時間制限《せいげん》を設定して、全速力で、かつ正確に計算していくことを習慣化しましょう。これには、最低

1年は必要となります。もちろん「毎日徹底的《てっていてき》にやって」、最短1年という意味です。センター試験の数学で点数が取れない人は、こうしたことを知らず、長期間かけて訓練《くんれん》すべきポイントがズレている生徒です。

【数学の成績《せいせき》を伸ばす法】数学の入試問題とチャート式問題集の一番の違いはなんでしょうか。それは、チャート式問題集には題名《タイトル》がついていることです。一流大学の数学の問題では、「この問題が、何の分野の問題かわかるか」が重要となります。何がキーワードになるのか？　を日頃《ひごろ》から探る練習をしましょう。

【数学の成績《せいせき》を伸ばす法】計算が苦手な生徒ほど、途中《とちゅう》の計算式を書かない傾向《けいこう》があります。「書き残すことによって、頭を切り替《か》えやすくなる」「頭のストレスが減る」と知って、途中《とちゅう》の計算式を必ず書くようにしましょう。

【理科の選択は生物か物理か化学か地学か？】「生物」は、6割の得点を取るのはかんたんでも、8割取ろうとすると、めちゃくちゃ難しくなる科目です。つまり、導入はかんたんだけど、究《きわ》めるのは至難《しなん》の業《わざ》となる科目だと割り切って学習してください。

いっぽう、「物理」や「化学」は、6割の得点を取るまでが難しく、6割取れるようになると8割までかんたんに取れるようになる科目です。つまり、導入時のハードルは高いけれど、そこでがんばれば、意外に後が楽になる科目なのです。

ですので、初学者は「生物はかんたん」で「物理や化学は難しい」となりやすいのですが、学ぶレベルが高くなればなるほど、難易度《なんいど》は逆転していきます（本書巻末の付録《ふろく》ページもご参照）。

また、選択する人が極端《きょくたん》に少ない「地学」は、歴史と似《に》ています。地道にやっていけば、余裕で9割が取れる、実はおいしい科目です。

【歴史を選択する際の心得】「社会」の選択科目として、「日本史」か「世界史」かで悩む生徒は多いです。ですが、選び方は実はかんたんです。「世界史が異常に好き」か「漢字が極端《きょくたん》に嫌い」なら世界史を選びましょう。それ以外なら「日本史」がおすすめです。基本的《きほんてき》には、日本史を選んだほうが楽でしょう。

【世界史を選択する際の心得】世界史では「カタカナの名前が覚えられない」という生徒がいますが、思い込みです。「マルクス・アウレリウス・アントニヌス」などは、漢字で書いても、ひらがなで書いても難しいもの。世界史の絶対的な知識不足によって、そうした名称になじめないだけです。

【地理を選択する際の心得】「地理」は、「人間に興味《きょうみ》がある人」が選んだほうが良い教科です。そうでないと、ただの丸暗記科目になって、全然伸びない傾向《けいこう》があります。「地理こそが、人や文化を作っているのだ」という意識で学ぶのがおすすめです。

【効果的な勉強法、教えます！】センター試験で得点を稼《かせ》ぎたい人は、過去のセンター試験の問題をよく研究し、今使っているテキスト（参考書や問題集）が、それを解くことに直結しているか考えてみましょう。

【ケアレスミスを減らすために】「先入観」は文脈《ぶんみゃく》から生まれたり、決定されたりします。多くの人は「先入観」のせいで問題を読み間違えます。自分の「先入観」を意識し、それを極力排除《きょくりょくはいじょ》してコトにあたりましょう。

【勉強なんて怖くない】5教科（英語・国語・数学・理科・社会）の勉強は、やり方さえわかれば、誰《だれ》にでもできるものです。はっきり言って、5教科に関する才能は、どの子もさして変わりありません（多くの学年ビリの子と上位の子を見てきた実感です。これがスポーツや芸術の分野ですと、〝素質〟や〝才能〟が関係してくるのですが……）。5教科の勉強なんて、たいしたことはないし、「できなかった」からと言って、一生にわたってコンプレックスを抱《いだ》くべき対象でもありません。

そもそも学問なんて、〝ただただ「問い続けた」ことの結果〟なのですから、誰《だれ》にだってできるものなわけです。その最低限の内容が、高校までで習う5教科です。ですから、そんなに高尚《こうしょう》なものではないのです。

学問は、お金のようなものだと考えても良いでしょう。〝ただただ「問い続けた」ことの結果〟を、ただの無価値な紙切れにするか、有効に使うかは、人間次第なわけです。高校までの5教科は、「そのお金のつかい方のごく初期のステップ」を学んでいるだけ。地頭《じあたま》などには関係なく、自分の学力に応じて、必要なら小学校低学年の教材にまで戻《もど》って、順をおってやり直していけば、後は時間と勝負するだけの問題となります。

【誰《だれ》でもこうすれば立ち直れる】ある生徒がどの段階で詰《つ》まっているかを見極《みきわ》められて、必要なら、（仮に今、高校2年生だったとしても）小学校低学年の問題集から順にやりなおしていければ、その生徒は立ち直れます。そして必ず、成績《せいせき》を爆発的《ばくはつてき》に伸ばせます。

これを親や指導者《しどうしゃ》にも、〝心底信じて〟もらいたいと思います。そうでないと、子どもも「5教科なんて、かんたんだ」とは信じにくくなるからです。「5教科なんて、小学校の問題集からやり直せば、あっという間においつけるもの」という意識から再スタートを切れたら、子どもは驚《おどろ》くほど伸びます。

そして案外、成績《せいせき》上位者にだって、すぐにおいつけるものなのです。

高校2年生の夏に、小学校4年生の教材からやり直し始めた〝ビリギャルさやかちゃん〟もそうでした。もちろん彼女《かのじょ》のように〝1年半〟という短期間で難関《なんかん》大学に入るには、死ぬ気でがんばる必要がありますので、みなさんはもっと早くからがんばってみてください。必ず成果が出ますし（それが5教科の勉強の良いところです）、成果が目に見えて出だしたら、絶対におもしろくなってきますよ。

【偏差値《へんさち》が低い人へ】生徒の偏差値《へんさち》を「30→35」にするのと、「70→75」にするのとでは、どちらのほうが難しいと思いますか？　実は同じぐらいの難易度《なんいど》だ、と僕《ぼく》は感じています。偏差値《へんさち》30の子（ビリギャルのさやかちゃんも高校2年の夏、全国模試《もし》の5教科の偏差値《へんさち》は30でした）は、新聞やニュースをほとんど見ていなくて一般教養《いっぱんきょうよう》がなかったり、勉強する場所や時間を確保しにくかったりします。そこから〝やる気を出して〟偏差値《へんさち》を5上げることは、その子にとってはすごく難しいことなのです。ですので、「最初は時間がかかるもの」と覚悟して、小学校低学年の教材からやり直しつつ、ニュースを見たり、図書館で歴史マンガ（難しいなら、まずは普通のマンガでも良いです）や児童書などから読み始めて一般教養《いっぱんきょうよう》や語彙《ごい》を増やすことから取り組んでみましょう。

【受験に際しての心得】「センター試験の平均点《へいきんてん》が上がった（下がった）」とか、それによって「合格最低点が云々《うんぬん》」という話は毎年、話題になりますが、実際、東京大学などの旧帝大クラスの上位校になると、その影響《えいきょう》をほとんど受けません。センター試験の問題の難易度《なんいど》によって影響《えいきょう》を受けるのは、下位層のみで、上位層は固定されているものです。上位グループでは、個体差はあっても、年度による集団間の差はほとんどありません。

【受験に際しての心得】受験における、いわゆる「すべり止め」について。「落ちたときに行く大学」と思わず、あくまでも本命の大学に合格するための「ウォーミングアップ大学」と認識するほうが良いでしょう。プロ野球選手が、試合の前にキャッチボールなどをして身体を温めてから本番に臨《のぞ》むイメージですね。

成績が良い子のマネをする「学び」方

「学ぶ」は「マネぶ」で、マネと語源《ごげん》が同じだ、というのは有名な話です。でも、なぜか、みんな全然マネないのですよね。というか、そもそも、みんな「マネ」は良くないと認識している風です。

でも、「お笑い」などでも、ものすごくおもしろい話をゼロから考えるのは難しいですけれど、芸人のマネをしたり、共通の知人の物マネをしたりした瞬間《しゅんかん》に爆笑《ばくしょう》をとれたりしますよね。

何事も最初はマネをするだけで良いのです。そして、マネをするには「洞察力《どうさつりょく》」が必要になります。細かい仕草《しぐさ》や表情などに目を配らないと「似《に》せる」ことはできないからです。

そうして、成果を出している人と「全く同じこと」をすれば同じ成果が、もしくはそれに近い成果が出せるはずなんです。なぜなら、結果は、行動の積み重ねでできているからです。

それなら、成績《せいせき》を伸ばすのはかんたんで、「親や先生が言うとおり」にやろうとするよりも、今、自分と同じ内容のことをやっていて成果を出している人、つまりは、「学年1位」だとか「クラス1位」の生徒のマネをすることを始めてみるのがおすすめです。

でも、その子たちに「どうやって勉強しているの?」とか、「どこの塾《じゅく》に行ってるの?」などと聞いても、あまり意味がありません。そもそも、「できる」人にとっては、無意識にやっていることの積み重ねこそが、結果につながっているからです。たとえば、ですが、「どうやって自転車に乗れているのですか?」と聞かれて、自転車に乗るのをあたり前だと思っている人が「これこれこうして乗るのが大切です」などと答えられるものでしょうか。難しいですよね?　そもそも、その場で無理矢理考えた「大切なポイント」など、あてにならないものです。ですので、最初から「できている人に聞く」のは大間違いなのです。

では、どうしたら良いのでしょう?

まず、「英語の勉強」をどうしているかを「聞く」のではなく、実際に目の前でやってもらうことです。そして、その様子を（ちゃんと相手の許可を得てから）スマートフォン（スマホ）などで動画に撮《と》るのです。そして、自分が普段、同じ教材で学習するならどうするかを実際にやってみて、それもスマホなどで撮《と》ってみてください。

すると必ず「行動の違い」がわかるはずです。そうした上で、「なんで今、ノートに線を引いているの？」とか「今、辞書《じしょ》を引いたのはなんで？　どういうタイミング？」など、自分とやり方が違うところを、後で質問するようにします。もちろん、人により「正しいやり方」は千差万別《せんさばんべつ》です。ただ、こうした質問により、「学習の姿勢や方法論」において「そんな工夫をしているのか！」と自分が考えたこともないような視点を新しくもらえることが多いのです。やはり1位になれる人のやり方には、1位になれるなりの良い点があるわけです。それを自分と比べてみて、新しい血肉にするのが大事なのです。

ちなみに、僕《ぼく》の場合、高校の同級生に「小学校のときから常に全国1位で、それ以外を取ったことがないんじゃないか」という生徒がいました。その子は、日常的に「国語辞書《じしょ》」を「読んで」いました。そして、時々「この表現、おもしろくない？」などと僕《ぼく》に語りかけてきたものですが、当時は「かなりの変わり者だなあ」と思っていました（笑）。でも、僕《ぼく》もそれをマネして、「おもしろい表現はないかな？」と探すようにしてみました。すると、「言葉」に関して、とても鋭敏《えいびん》になって、洞察力《どうさつりょく》も身につきました。それがゆくゆく、いわゆる「分析哲学《ぶんせきてつがく》」への興味につながりました。そして、文章を読むだけで、その書き手がどんな性格なのか？　を考えるようになりました。その結果、心理学と哲学《てつがく》を大学で学ぶことにつながったのです。

第6章

相手によって接し方を変える

保護者向け

相手がどんな性格なのか？　どんな状況にあるのか？　どんな反応をしがちなのか？　それらによって、効果的な接し方はまるで変わってきます。お子さんの多様性を認めて許し、接し方を変えていけば、俄然《がぜん》、物事はうまくいき出します。

【タイプごとに接し方をがらっと変えよう】子どもへの接し方は、相手のタイプに応じて変えましょう（タイプ診断《しんだん》は、http://apps.amwbooks.asciimw.jp/biz9type/にて可能です。詳細《しょうさい》は拙著《せっちょ》『人間は9タイプ』2作品をご参照）。次のような感じです。

①完璧《かんぺき》主義者タイプ→全体の時間配分を考えて行動してもらう。たとえば、数学で検算をしすぎないよう指導《しどう》するなど。

②献身家《けんしんか》タイプ→してくれたことにその都度、感謝《かんしゃ》を示す。そして、自分で〝決める〟練習をしてもらい、できれば自分勝手なことをしてもらう（相手に合わせすぎて、自分がなくなり、不満が「たまる」傾向《けいこう》があるので）。

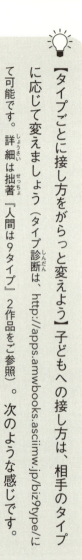

③達成者タイプ→早く終えることにこだわりすぎて、内容が適当になりがちなので、注意する。周囲にウケることや、かっこいいことをするのを好むタイプ。

④芸術家タイプ→自分独自の価値観で好き嫌いを判断したがるので、説得はしないこと。とりとめのない話をよく聞いた上で、「じゃあ、やろうか！」とパッと切り替える。

⑤研究者タイプ→ハマると強いが、受験に必要ではないことまで専門的に究《きわ》めていく傾向《けいこう》がある。細かいところまでやりすぎないよう注意。

⑥堅実家《けんじつか》タイプ→慣れるまでは不安が強く、細かいサポートを望むタイプ。自信を持たせるため、短期的な計画を立て、最初は少しつきあいながら、それを順に達成していってもらう。

⑦楽天家タイプ→とにかく「ノリ」が大切。がんばった先にある、明るく

て楽しい未来を語ると、その気になりやすい。細かく管理すると、力を発揮《はっき》できなくなる。

⑧統率者《とうそつしゃ》タイプ→白黒をはっきりさせたがり、何かと勝負をしたがるので、そこを良い方向に刺激《しげき》する。指示するというより、相談する姿勢で接する。

⑨調停者《ちょうていしゃ》タイプ→マイペースな人。向上心は薄《うす》め。目的を達成すると「気持ちがいい」というイメージを植え付けるため、小さな成長を日々自覚できるようはからう。

【素直じゃない子にどう接するか?】素直じゃない子について。親御《おやご》さんはよく「あなたがもっと素直だったら、うまくいくのに」などと言いますが、子どもは誰《だれ》にでも素直になるわけではありません。

たとえば、（前述のように）ビリギャルのさやかちゃんも、坪田《つぼた》（著者《ちょしゃ》）には素直でしたが、学校の先生やお父さんにはめちゃくちゃ反抗《はんこう》していました。

子どもが素直になるのは、「自分を知っていてくれる、理解してくれている、いつも味方してくれる人」に対してのみなのです。

親や指導者《しどうしゃ》が、そういう存在になれたら、子どもは爆発的《ばくはつてき》に伸びるものです。

【生まれた月で接し方を変える】同じ学年でも、4月生まれと3月生まれとでは、全く違います。発達に、丸1年近い差ができるからです。小学1年生の場合は、1年近い差があると、もはや別の生き物と言えます。そこをよく認識して、指導《しどう》しましょう。

【中学生と高校生、どっちが伸びやすい？】低偏差値《ていへんさち》の中学生と高校生とでは、成績《せいせき》を上げやすいのは前者です。勉強し直さなくてはならない量が少なくて済むからです。高校3年生なら、中学1年〜高校3年までの6年分のやり直しが必要です。中学3年生なら、それが3年分のやり直しで済みます。

【浪人生《ろうにんせい》には強い意志が必要】浪人生《ろうにんせい》の場合、偏差値《へんさち》を大きく上げるのは、実はたいへんです。現役生のほうが可能性があります。なぜなら、浪人生《ろうにんせい》には誘惑《ゆうわく》が多いからです。

3月：浪人《ろうにん》が決定し、落ち込む。「4月から再スタートだ」。

4月：やる気がアップする。

5月：GWで友人が地元に帰って来て遊んでしまう。やる気がダウン。

6〜7月：やる気がアップする。

8～9月：夏休みで友人が地元に帰って来て遊んでしまう。やる気ダウン。
10月～受験期まで：やる気アップ。
——だいたいの場合、1年がこうした流れになります。アップダウンがくり返され、やる気が上昇し続けにくいのです。
結果的に、現役時のモチベーションに戻《もど》るのがやっとだったりします。親や指導者《しどうしゃ》がそこを強く意識して、遊ばせず、モチベーションアップの働きかけをすることです。

【わが子にやる気がないと思っても】学校に行く時点で、「大学に行こう」と思っている時点で、どの子だって「勉強しよう」とは思っているのです。本当に「やる気」のない人間は外に行くことすらしませんので。

【ケアレスミスが多い子への接し方】問題を、ちゃっちゃと解いて、ケアレスミスを何度もする子への指導《しどう》は次のようにすると効果的です。

①まず、多くの量をやらせないこと。「プリント1枚を丁寧《ていねい》にやってみて」と指示する。

②それでもすぐには変わらないのが普通なので、その後は、細かい部分部分に分けて、問題を解いてもらう。「ここからここまでを、3分でやってきてね」など。

③ケアレスミスが多い〝雑な子ども〟は、要は、集中力が長く続かない子。集中できる時間を少しずつ増やしていく方針でいくこと。

【本番に弱い子への接し方】メンタルが弱い子は、騒《さわ》がしい環《かん》境《きょう》下《か》で問題を解いてもらうなど、日頃《ひごろ》から悪環境《あくかんきょう》の中でプレッシャーを与えておくと本番に強くなれます。

【スピードが遅い子への接し方】まじめだが、性格がおっとりしていて、行動のスピードが遅い子（9タイプ診断《しんだん》で〝調停者《ちょうていしゃ》〟になった子など）の成績《せいせき》を上げるには、時間をかけるしかありません。「三つ子の魂《たましい》百まで」と言いますが、子どもの性質を変えることは難しいもの。行動が遅いなら、その分、時間をかけるので良いのです。親や指導者《しどうしゃ》が焦《あせ》らない、せかさないことが大切です。小さな成長をその都度認めていき、物事を達成する喜びを知ってもらうと後伸びする大器晩成型《たいきばんせいがた》だからです。

【なかなか決められない子への接し方】優柔不断《ゆうじゅうふだん》な子への対応について。「○してみようかな？」といった言葉が子どもから出てきたときに、「うん、いいね」で終わっていては、子どもの行動は変わりません。そこですかさず、「よし、じゃあそうしよう！」と言い、「いつまでにやる？」「さあ、この中から丸つけて」などと、その場で即決《そっけつ》する練習をしてもらいましょう。それを習慣化すると、次第に決断と行動のできる子に変わっていきます。

【すぐ感情的になる子への接し方】感情優先で、論理的な話が通じない子への対応法。①まず、話をウン、ウンと聞きます。↓②「なるほどね」「それは悲しいね」などと言いつつ、相手の感情を否定せずに最後まで聞きます。↓③その後、「んじゃ、がんばろっか！（ニコッ）」と言います。これだけで良いのです。論理的に説得する必要はないタイプですので。

【学校へのグチが多い子への接し方】学校でうまくいっていない子への対応法。基本的《きほんてき》に、自分が属する組織（あるいは、過去に属していた組織）の文句を他人に言う人は、どこに行ってもうまくいかないものです。〝他人のせい〟にすることが習慣化しているからです。そもそも、学校も会社も「組織」である以上、不具合は常にあります。学校がダメだ、先生が悪い、ひどいことをされたというのは、世界じゅうで起こっている事象なのです。

子どもが素直かどうかは、ほとんどの場合、「その子が〝その大人になついている〟かどうか」にかかっています。ですので、お子さんが周りに〝学校に関する文句〟を言っている時点で、学校の先生方に対して、その子が素直ではないことは明らかです。これですと、学校との関係性はますます悪くなります。本当は子どもの側が、先生方になついているフリでもできれば、先生方の態度も変わり、結果としてその子の受けるストレスも減るわけですが。

こうしたあたりを、第三者トーク（その子のことを、よその誰《だれ》かに置き換《か》えたトークや一般論《いっぱんろん》）でお子さんに伝えていけるとベストです。お子さんの言う、他者に関するネガティブな情報には、「それは悲しいね」などと子どもの感情に理解を示しこそしても、「それは先生が悪いね」などと同調をしてはいけません。

【〃勉強なんて無意味〃と言う子への接し方】5教科の勉強に関して「こんなこと、何の役に立つのか？」とグチる子には、「5教科には必ず正解があり、正しい解き方がある。なので、〃こんなこと、何の役にも立たないのでは？〃と思いながらも、それぐらいはサラっとできる人間になってほしい」と伝えましょう。そして、「『文句を言って、やらない』のか、『文句を言いながらも、やっている』のかは、人生において大きな差になる」と伝えましょう。

【背伸びした教材を好む子への接し方】自分のレベルよりも難しい教材をやりたがる子への対応法。たとえば、（ビリギャルさやかちゃんのように）高校2年生の子の学力が〝小学4年生〟レベルだったとして、その子に、「あなたの学力は小学4年だから、そのテキストから始めるよ」と言って、「うん、わかった！　がんばる！」とは、なかなかならないものです。そこでは「プライドへの配慮《はいりょ》」が必要です。本人が「センター試験の過去問がやりたい」などと言ったときに、「いや、あなたにはまだ無理だから」といった言葉、あるいは〝心の中の思い〟ですら、子どもに伝わるとマイナスです。もっとも大切なのは、「子どもへの敬意《けいい》」だからです。

かつて、C君という引きこもり気味の子がいました。その子は浪人《ろうにん》1年目で塾《じゅく》に来たのですが、入塾時《にゅうじゅくじ》のテストを見ると、英語は、中学1年の英単語もあやしいレベルでした。そこで僕《ぼく》は、中学1年の「ドリル」からやり直してもらおうと判断しました。

そのときに最初にやったことは、まず、うちの塾《じゅく》のドリルの内容をすべてコピーし、各ページの下に小さく書いてある「中1」という表記をすべて修正テープで消し、もう一度コピーをし直すことでした。そして、C君には詳《くわ》しいことは言わずに、「まず、これをやってみて」と目の前で1問解いてもらい、「どう？　かんたん？」と聞きました。すると、C君は「余裕ですよ。なめられてるのかな？　と思うレベル」とのこと。そこで、「いやいや、なめてなんかいないよ。基本《きほん》、いくら賢《かしこ》い子でも、ここから始めるのが大事なのよ。だって、基本《きほん》をおろそかにする人って、ダサくない？」と言うと、「そうだよねー」との答え。その後は、「じゃあ、1枚やり終わったら、持って来て」から始まり、最終的には、自分で答え合わせまでしてもらって、中1の教材を全部終わらせたのでした。

このエピソードには、「配慮《はいりょ》」と「敬意《けいい》」と「自尊心《じそんしん》を刺激《しげき》する」という3つの要素が入っています。「自分のレベルよりも難しい教材をやりたがる子」に関しては、この3点に気を付けつつ、まずは本人が「やりたい」という難しい教材を最初に少しだけやってもらって、そこから、少しずつ「レベルに合った問題集」などに移行するのでも良いでしょう。

【高校に合格した直後の子に伝えたいこと】「中3のときは、高校受験のために必死で勉強をしたよね。高校1年生となった今は、受験がないので気がゆるむかもしれないけど、実際の学習内容は、〝中3〟のものより〝高1〟のほうが圧倒的《あっとうてき》に量が多くて、難しいんだよね。だから、中学まではそこそこ勉強ができても、高校生になると、途端《とたん》にできなくなる子が多いの。だから、どう考えても、中3のとき以上に必死で勉強したほうがいいよ」とアドバイスしてください。

【空想してばかりの子への接し方】途方《とほう》もない夢物語を話してくる〝芸術家〟タイプ（拙著《せっちょ》『人間は9タイプ』2作品をご参照）のお子さんへの対応法。

このタイプの子には、「その夢をおいかけるためにもがんばろう！」と声をかけていくことです。どう考えても100％無理な話でも、否定的に対応すると、お子さん側が「将来《しょうらい》のことなんて、わからないじゃないか！」となり、親を嫌ってくるだけだからです。そして、「自分の親は、私のことを理解してくれない」と心の距離《きょり》を置かれてしまいます。

このタイプの子が、「説得」によって進路を変えたり、現実的な路線に切り替えたりすることはほぼありません。まずはその子の理解者になることが大切です。ちなみに時間が経つと、どんな夢について語っていたか、お子さん自身が忘れている場合がほとんどです。

【何かとグチが多い子への接し方】グチばかり言ってからんでくる感情的なお子さんへの対応法。まず、思春期のお子さんが「言った通りに動かない」のはあたり前のことです。「わがままを言う」のも普通です。いわば、ずーっとホルモンバランスが崩《くず》れているような状態だからです。受験生たちはそんな中、やりたくもない勉強を「将来《しょうらい》のため」などと言われてやらないといけません。そして、「やらないといけない」とわかっていても、成績《せいせき》がふるわなければ、将来《しょうらい》のことも見えず、不安にもなります。それで、何かしら理由をつけては、あたりやすい人にあたってくるわけです。ですので、思春期に限っては、理不尽《りふじん》な八つあたりがあっても、あたり前のこととして受け流せる心を持ちましょう。

対応する場合は、「なんで言うことを聞かないの？　イライラする！」「そんなこと言ったって、しょうがないでしょ！」といった態度は絶対に見せないことです。また、あきらめての「半分放置」も良くありません。結局は、「グチにも、ちゃんと誠心誠意《せいしんせいい》で向き合うことが大切だ」としか言えません。とはいえ、1時間もグチを聞き続ける必要はありません。大事なのは、明るい顔と、「私はあなたをいつも受け入れているよ」という姿勢です。

心が折《お》れそうな子どもには、とにかく「明るく、元気に、仲良く」を心がけて接しましょう。グチを聞くときには、「あー、そうかー！　大変だね（ニコニコ）。じゃ、そろそろ勉強しようか！」――これを〝元気に〟伝えれば、だいたいのお子さんが動いてくれるものです。同じ「共感」でも、「苦虫をかみ潰《つぶ》したような顔での共感」ですと、コングルーエンシー（発言内容と表情やしぐさが一致《いっち》すること）が発揮《はっき》されず、まるで効果がありませんので、ご注意を。

【字の書き方が雑な子への接し方】字をていねいに書かないお子さんへの対応法。こういう子が必ず言うのが「本番では、ていねいに書きます」です。でも、これは「100%無理」。なぜなら、本番は他のこと（時間制限と問題との戦い）に集中するからです。ふだんやっていないことを、〝無意識のうちに〟できるはずがないことを伝えましょう。

【宿題をやらない子への接し方】重要なのは、「やったか、やらなかったか」ではないことです。つまり、0か100かでは評価しないことです。前回より少しでも良くなった点はどこか（「5分だけ宿題に挑《いど》もうとした」「以前より1問多く解答を書いた」など）を見つけ、それを常に本人に伝えていき、本人に「少しずつだけど、自分は成長しているんだな」という意識を日々植え付けていきましょう。それにより、ついには宿題をすべてやる子になるものです。

【本番で得点が伸びない子への接し方】

①試験当日に「朝寝坊《ねぼう》をした」「時計を忘れた」「朝から体調が悪い」などの最悪のイメージ、パニックになっている自分の姿を日頃《ひごろ》からイメージしてもらい、当日の行動をシミュレーションしておいてもらいましょう（受験当日に関しては、悪いイメージに慣れておくほうが、本番は良い結果になる場合が多いものです）。逆に、うまくいくイメージばかりを抱《いだ》き続けていると、本番がイメージと違った場合に、焦《あせ》って動揺《どうよう》してしまうお子さんが多いです。

②本番に弱い子は、タイムプレッシャーがある中での訓練《くんれん》（時間制限を厳しく設定して問題を解く練習）が甘《あま》い＝練習量が少ないので、常日頃《ひごろ》から、真剣《しんけん》にやってもらいましょう。

③「30分集中して問題を解いた後、2分ぼーっとする」ことをくり返す

など、緊張《きんちょう》と緩和《かんわ》をくり返す練習をしてもらうのもおすすめです。

【成績《せいせき》が優秀な子への接し方】学力がトップクラスのお子さんへの対応でもっとも大切なことは、①「学習能力の高さや、その子の努力ぶり」を強く肯定《こうてい》することと、②「プラスアルファで、もっとこういうことができたら、さらにすごいよね」ということを必ずセットで伝えることです。つまり、能力の高さを認めながらも、さらに一段上を目指すよう示せたらベストです（くれぐれも、「勉強ができるぐらい、なんだ。謙虚《けんきょ》さのほうが大事だぞ」とか「（親である）自分のほうがもっとすごかったけどな」とかいった示威《じい》行動はとらないこと）。こうしたお子さんには、「学習量」を増やすというよりは、「質の高い（難しい、あるいはおもしろい）」課題を出したり、その子の学年としては難しめの問題集を解いてもらったりすると効果的です（もちろん、この場合でも、○と×の割合が6：4になるのがベストです）。

【やる気がない子へのタブー】やる気の無いお子さんに関して。親は、「落ちるところまで落ちればいい。そうしたら、わかる」などと言いがちです。しかし、実際に受験にすべて失敗すると、たいていの親御《おやご》さんは泣きます。ですから、そういう発言は、慎《つつし》んだほうが良いでしょう。本書で〝やる気〟を少しずつ喚起《かんき》していきましょう。

【グチが多く、勉強から逃げ回る子への接し方】グチが多くて、なかなか勉強に向き合わないお子さんへの対応法。グチをある程度聞いた後で、「話はわかったからさ、とりあえず、これ、1問だけやってみようよ。とりあえずいま、目の前で、さ」といったところから始めて、「おー、もう解けたんだ、すごいね！」などと盛り上げて、徐々《じょじょ》に勉強のステージに移行させていくのが得策《とくさく》です。ちなみに、ビリギャルのさやかちゃんも、塾《じゅく》に来てお父さんに関するグチをえんえんと言っていましたが、グチりながらも、手は動かしていたので、1年で英語の偏差値《へんさち》が40も伸びたのです。

【厳《きび》しい条件下や環境《かんきょう》下にある子に関して】受験は、各個人の特有の事情（部活やお金、家庭に関する悩みなど）や性格や体調など、考慮《こうりょ》してはくれません。各個人が受験に合わせるしかないのが、厳《きび》しいけれど、現実です。限られた条件や環境《かんきょう》の中で、本書のハウトゥを活用して、精一杯《せいいっぱい》お子さんに働きかけてください。本書巻末の付録《ふろく》ページをお子さんに読んでもらえば、塾《じゅく》や家庭教師《きょうし》のお世話にならずとも自学自習が可能になります。

メンタルが弱く、本番に弱かった子の話

これまでで一番「メンタルが弱い」というか「本番に弱い」教え子だったD君。彼《かれ》は、高校3年生のときにぐんぐん成績《せいせき》が伸びて、志望校だった名古屋大学の模試《もし》の判定もA判定。センター試験の過去問も平均で85%ぐらい取れるようになり、2次試験の過去問も（6割程度取れれば良いところを）7割以上取れるようになっていました。僕《ぼく》も「これは、余裕だな」と思っていた生徒でしたが、そのD君が、センター試験の1週間前ぐらいになって急に「僕《ぼく》、本番にめちゃくちゃ弱いんです」と告白してきました。

D君は県内で3番目の進学校に通っていたのですが、実際は、中学時代の成績《せいせき》からしたら余裕で県内ナンバー1の進学校に行けていたはずだったそうなのです。しかし、本番で失敗し、3番目の進学校に通うことになった、とのことでした。

「そうなんだ（笑）」と言いながらも、「1週間も前から緊張《きんちょう》するなんて、それだけ真剣に考えている証拠《しょうこ》だから大丈夫《だいじょうぶ》」と僕《ぼく》はちょっと甘く見ていました。果たして、セン

ター試験本番の結果は6割ぐらいの得点。そこで僕《ぼく》も「え?」と驚《おどろ》いて、でも、2次でも十分点数が取れる学力の子なので、逆転は可能だろう、と考えていましたが、最終的には、不合格で終わりました。

それで浪人《ろうにん》することになったのですが、志望校は、名古屋大学から大阪大学に、より上位校へと変更をしました。浪人中《ろうにんちゅう》の彼《かれ》の努力は、それはすさまじく、センター試験の過去問も平均で95%以上を取れるようになり、大阪大学の過去問は「満点」を取るほどになりました。さらに全国模試《もし》でも常にトップクラスになりました(大阪大学志望者向けの模試《もし》に限れば、全国1位や2位を普通に取っていました)。

しかし、その年も本番のセンター試験の結果は、62%程度の正答率《せいとうりつ》でした。それで、僕《ぼく》も唖然《あぜん》としましたが、「さすがに2次試験は過去問でいつも満点だったので余裕だろう」と判断しつつも、やはり浪人生《ろうにんせい》ということもあり、大阪大学はあきらめ、合格が確実そうな大学を選択することにしました。それで、旧帝国大学ではない、ある国立大学を受験し、そこには見事に合格しました。

もちろんこの結果には、お互《たが》いに悔《くや》しい思いがありました。そこで、「絶対、その大学では首席を取れよ」と言い、彼《かれ》は見事に首席で卒業したそうです。そして、教授推薦《きょうじゅすいせん》を受けて、某難関《ぼうなんかん》国立大学の大学院に進学し、そこも首席で卒業しました。つまり、本番に弱くても、その後の努力で、見事にリベンジを果たしたのです。ちなみに、就職先《しゅうしょくさき》も一流企業で、そこで優秀なエンジニアとして、今では日本の基幹《きかん》技術を支える仕事に従事しています。

彼《かれ》の場合は、浪人《ろうにん》時代に、いわゆる「ガヤガヤうるさいところ」で勉強をしたり、周りに人がいて、集中しにくいところでも集中したりするという訓練《くんれん》を積みました。1年後の「大学受験」という一発勝負の場では、そのメンタル訓練《くんれん》の成果は出ませんでしたが、本人的にはそこで少なくとも成長を感じたそうです。それで、D君はその後の大学での試験やら大学院の試験などを前にした際にもその訓練《くんれん》を取り入れ、長期間にわたって、自分のストレスやメンタルマネジメントに取り組んだそうです。

結果的には、現在では、本番に強い男として、プレゼンや後輩《こうはい》の指導《しどう》などの場面でも緊張《きんちょう》することなく、自分の力を発揮《はっき》できるようになったそうです。このように、「数年で急に」変わることはできなくとも、しっかり取り組んでいけば、日本でもトップクラスの成果が出せるようになるのだなと、僕《ぼく》も改めて実感させられたエピソードでした。

特別付《ふ》録《ろく》

坪田式・5教科の「自学自習」法

ここからは、塾《じゅく》や予備校《よびこう》などに通うことなく、家庭教師《きょうし》もつけずに、中高生が自宅で一人で学習する際のおすすめの勉強法を、5教科別にご紹介《しょうかい》していきましょう。基本《きほん》、「偏差値《へんさち》が低い生徒でも、こうすれば、学力を着実《ちゃくじつ》に伸ばせる」という学習法を、メジャーな大学受験科目（選択者が多い科目）に絞《しぼ》って、お伝えしていきます。偏差値《へんさち》が高い中高生でも、こうすればより本質的な力をつけられ、安定的に力を発揮《はっき》できるようになる勉強法です。

◆「自学自習」をする前に決めておきたいこと

とはいえ、「勉強の仕方」を知っていただく前に、もっとも大事なことをぜひ最初に見定めておいていただきたいと思います。

それは、あなたが目指す「志望校」と「学部」について、です。なぜなら、その2つによって、やるべきことががらっと変わってくるからです。

さてここで問題です。国公立の大学入試において、「センター試験」と「2次試験」はどちらが大事でしょうか？

——その答えは、「大学による」です。

たとえば、名古屋大学の理学部を志望しているとすると、その入学試験の科目と配点は以下のようになります（2017年現在）。

●**センター試験（900点満点）**

英語：200点、国語：（現代文）100点・（古文）50点・（漢文）50点、数学：200点、理科：①100点・②100点、社会：100点。

●**2次試験（1450点満点）**

英語：300点、国語：（現代文のみ）150点、数学：500点、理科：計500点、社会：0点（試験なし）。

——この、900点＋1450点の合計2350点満点のうち何点取れたか、その上位から合格していくのが入試です。たいてい、この合計点の7割弱ぐらいが合格最低点となります。

そう考えると、名古屋大学の理学部の場合、センター試験より2次試験のほうが1.6倍以上大事だということになります。

……ということは、あなたが名古屋大学の理学部を目指しているならば、センター試験と2次試験、どちらのほうをより強く意識して学習するべきでしょうか？　2次試験ですよね。ですので、当然ながら学習時間も、センター対策にあてる時間の1.6倍以上を2次試験対策にあてるべきです。

次に、教科ごとにセンター試験と2次試験の「合計点」を計算してみましょう。

英語：500点、国語：（現代文）250点・（古文）50点・（漢文）50点、数学：700点、理科：計700点、社会：100点。

——ここで問題です。「数学」は「社会」の何倍重要でしょうか？　そう、7倍です。

また、「古文」と「英語」はどちらがどれだけ重要でしょうか？　そう、「古文」より「英語」のほうが10倍大事だとわかりますね。

では、学習時間はどうするべきでしょうか？　当然、「社会」の7倍、「数学」を勉強するべきですし、「古文」の10倍、「英語」を勉強するべきなのです。

しかし、多くの人がなぜか、やみくもに「自分の得意教科」の勉強を長時間、一生懸命《いっしょうけんめい》やったり、「自分の苦手教科」の穴埋《あなう》めにひたすら躍起《やっき》になったりしているものです。さらには、一般《いっぱん》入試には全く関係のない、学校の「定期テストの教科」ばかり必死に勉強している生徒もいます。

こう考えてくると、そもそも「志望校」と「学部」を決めずに学習を始めている時点で、非効率《ひこうりつ》であり、その分、合格の可能性を遠ざけていることになるわけです。

よって、「勉強法」を知ることなど、この「志望校」と「学部」の選定や試験の傾向分析《けいこうぶんせき》に比べれば、重要度は低いですし、後回しで良いわけです。

ですので、まず、自分の「志望校」と「学部」を決め、科目と配点を熟知《じゅくち》しましょう。

この際、今の自分の偏差値《へんさち》から考えて「志望校」や「学部」を決める必要はありません。ここからの学習法と、がんばり次第で、偏差値《へんさち》などいくらでも上昇していくからです。

もしも、志望校がない場合には、逆に、自分の得意な教科の配点が大きく、苦手教科の配点が小さな大学を選ぶと良いでしょう。

そうすることが「効率的《こうりつてき》」であり、そして「効率《こうりつ》」こそが受験成功のカギだからです。

◆自学自習法の極意《ごくい》

では、いよいよここから、自学自習法について具体的にお伝えしていきましょう。

そして、個別の教科のお話に進む前に、まずここで、どの教科のどの分野を学習する際にも意識してほしい「極意《ごくい》」を先にお伝えしておきます。

それは、**「1つの単元に、どれくらいの時間を費《つい》やすのか、自分で事前に設定してから学習を始めましょう**」ということです。たとえば、ある単元の問題をすべて解くのに「10分かかりそうだ」と思ったら（あるいは、問題集に「制限時間10分」と書いてあったら）、8分でやるようにしてください。目標時間は、「予想時間×0.8」です。こうしたタイムプレッシャーを意識して学習計画の時間割を決めておくわけです。

「なぜ、このような時間設定をするのか」というと、受験本番での時間制限に備えるためです。「限られた時間内で何を、どうするか？」を判断する力を日頃《ひごろ》から養《やしな》っておけば、他の受験生に差をつけられます。

また、この方法は、勉強の効率《こうりつ》アップのために非常に有効です。

こうした時間目標を設定しないとダラダラ学習になりやすく、また、いきなり厳しい時間目標（予想時間の半分の時間でやる等）を設定しても、達成できずめげてしまうのが人間です。ですので、少しだけ厳しめな目標＝予想時間×0.8を設定するのが適切です。勉強力というのは、筋肉と一緒《いっしょ》で、少しずつ負荷《ふか》を強めていくとだんだんついてくるものなのです。

英語

では最初に、（文系に進もうが、理系に進もうが）受験の際の最重要かつ安定した得点源となりうる「英語」の自学自習法からお伝えしていきます。

2020年の教育改革のキモとも言えるのが「英語」教育改革です。これまでは、Reading《リーディング》（読むこと）とListening《リスニング》（聞くこと）の学習がメインでしたが、今後は、英語の発信側に回るSpeaking《スピーキング》（話すこと）とWriting《ライティング》（書くこと）も含めた4技能が重視されます。中学からの授業も、基本的《きほんてき》には「日本語で教えるのではなく、英語で英語の授業をする」というスタイルになる見込みです。

◆Speaking《スピーキング》の力をつける

では、どうやって「Speaking《スピーキング》」の練習をしたら良いのでしょう？

とてもシンプルです。好きな英語の歌を見つけましょう。そして、その曲をかけ、歌詞カードを見ながら、マネをして歌ってください。

ですので、歌詞カード付きのCDを買うか、ネット上にプロモーションのための音源等がないか、Youtube《ユーチューブ》などで探してみましょう。歌詞も「曲名（スペース）Lyrics」という形式で検索すればネット上で見つかるかもしれません。

ちなみに、洋楽を聞いて「Listening《リスニング》」の練習をするのは無謀《むぼう》です。ネイティブと英会話が普通にできる僕《ぼく》ですら、全部の歌詞は聞き取れません（笑）。それぐらい、「歌」で発音を聞き取るのは難しいのです（日本語の歌でも、言葉が完璧《かんぺき》には聞き取れないことが多々ありますよね？ それと同じです）。

どの洋楽を聞いていいかわからないという人は、ビートルズやカーペンターズがおすすめです。それらがテンポが「遅め」で好きになれないと感じるなら、おすすめなのはMaroon 5《マルーンファイブ》です。経験上、多くの若い人が、彼《かれ》らの音楽ならすんなり「好き」になりやすいようです。入門曲としては『Sugar《シュガー》』という曲がおすすめです。

そうして選んだ楽曲を何度も聞きながら、ヘタでもいいので「マネして」歌ってください。これをすることで、英語の発音も、「リンキング（単語の最後の音と、次の単語の最初の音がつながる現象）」も「リダクション（音の消失や弱化）」も「フラッピング（弾音化＝発音の変化）」もマスターできます。

とにかく、歴史の学習は「歴史マンガを読むこと」（後述）、英語は「洋楽を歌うこと」

です。ぜひ、カラオケでの「洋楽」デビューを目指してください。そして、カラオケで発音もそっくりに歌えるようになると、同時にリスニング力も強化されます（〝聞く〟のではなく〝歌う〟と、聞き取れるようにもなるのです）。

◆文法力をつける

あなたが中学生だとしても高校生だとしても、英語に苦手意識があるなら、『Aクラス選書　問題を解きながら学ぶ　中学生の英文法』（池永勝雅《かつまさ》著／昇龍堂《しょうりゅうどう》出版刊）から英文法の勉強を始めるのがおすすめです。僕《ぼく》なりのおすすめの使い方をお教えしましょう（以下すべて、他の参考書を使う場合にも応用できます）。

①この教材は原則、問いや例題が最初に載《の》っていて、その次にその解説・解答・文法知識などが載《の》っています。うまく解けなかった問題、もしくは、解けたけれど「どうしてそうなるのか理由がわからない」問題に関連する解説だけ読んでいき

ましょう。これで、効率的《こうりつてき》かつスムーズに勉強を進められます。

こうして勉強を進めていくと、「マスターしよう」を解くことになります。これで、今までの学習が身についているのか、チェックができます。もちろん「マスターしよう」で間違えた、わからなかった部分は、再度、問いや例題・文法知識に戻《もど》って学習しましょう。

そして各章末には「総合問題」があるので、「マスターしよう」と同様の要領《ようりょう》で解いてみましょう。

こうして、2章分の学習が終わったら、その2章分のチェックテストをしてください。具体的には「奇数《きすう》番号だけを解き直す」など、してみれば良いのです。

②チェックテストを実施《じっし》した後、改めて答え合わせをします。ここで間違った問題に関しては、自分で「どうしてそうなるのか？」を調べ直して納得《なっとく》しておく、自己解決をしておく習慣をつけましょう。これが、自分の勉強力・思考力を高めるのに非常に有効だからです。いきなりわからないところを学校の先生に聞くのではなく、まずは辞書《じしょ》やこの教材、他の文法書を参照しましょう。それでもわから

ないところがあれば、その部分に「?」マークなどをつけておき、それらだけ学校の先生に質問するようにしてください。

③この教材は全20章で構成されています。1日2章のペースでやれば、10日で終わる計算です。中学生だときついかもしれませんが、あなたが高校生なら、少しがんばれば、10日で中学3年分の英語をすべてやり直せるでしょう。そして、10日でこのテキストを終えたときには、きっと大きな達成感を抱《いだ》けるはずです。

◆長文読解力《どっかいりょく》をつける

駿台《すんだい》受験シリーズの『英文和訳演習 入門篇《へん》』と『英文和訳演習 基礎篇《きそへん》』（ともに伊藤和夫 著／駿台《すんだい》文庫 刊）がおすすめです。この2冊は解説が充実《じゅうじつ》しており、完全に自主学習ができる中身になっています。以下が、その活用の仕方です。

①最初は、紙の辞書《じしょ》や電子辞書《じしょ》を絶対に使わないで和訳に挑《いど》みます。実際の入学試験時には辞書《じしょ》の使用は許されていません（一部、例外あり）。よって、ふだんの学習時にも、わからない単語があっても辞書《じしょ》などは引かずに、文脈から推測《すいそく》して解いてみるようにしましょう。

②分析《ぶんせき》をしながら和訳しましょう。必要なのは〝精読〟の練習です。英文をなんとなく読んで、それっぽい和訳を書くような勉強法では、読解力《どっかいりょく》がつくわけがありません。数学でもそうですが、「答え（和訳文）」を書くだけではなく、その訳に至《いた》るまでの過程《かてい》を、後から見直せるようにしておきましょう（やり方は④～を参照）。

③復習（反復学習）を前提にやりましょう。何の勉強でもそうですが、1回やっただけで覚える（完全に理解する）ことなど不可能です。何度も何度も反復し、自分自身に「これは大事なんだっけ！」「これは前にも見たぞ！」と印象付けることで、やっと身につけられるのが普通です。ですので、後で復習がしやすいように、まず和訳専用の「ノート」を用意します。そして、この教材内の課題英文を和訳をする際には、1行ずつ空けて、ノートに和訳（自分の解答）を書くようにします。

こうして、後で答え合わせをした際や、辞書《じしょ》を引き引き読み直した際などに、単語や構文の解説を追加で書き足せるようにしておいてください。

適当なノートの作り方をしていると、後で復習をする気にはなれないものです。ぜひとも、後で「あ、そう言えば、あのときにがんばって、和訳をノートに書いたっけ」と自分でも見直したくなるようにがんばりましょう。

④実際に和訳をする際には、まず、英文にS（主語）・V（動詞）・O（目的語）・C（補語）の印をつけていきます（印は丸、四角、三角、ひし形など。難しい場合は、S・VだけでもOK）。英文からS・V（主語・動詞）を見つけることで、自分が訳す日本語の主語と動詞とを一致《いっち》させやすくなります。答え合わせをして、見直すときも、英文のS・Vと和訳文のS・Vが同じかどうかをよくチェックしましょう。

⑤時制《じせい》（現在／過去／未来／現在完了／過去完了／現在進行……等）について強く意識しましょう。日本語を話すときには、あまり時制《じせい》を気にしないものです。そのため、和訳時のミスが一番多くなるのが時制《じせい》です。少なくともその英文が、現在か過去か未来かの3種類だけは強く意識して訳しましょう。

⑥態《たい》について考えましょう。英文が「能動態《のうどうたい》」（Sが〜する）なのか「受動態《じゅどうたい》」（Sが〜される／be ＋過去分詞で表現）なのかを確認しましょう。和訳する文も、できるだけその態《たい》にそうほうが無難です（ただし、日本語として不自然になる場合は除く）。

⑦「s」「es」にはよくよく注意をしましょう。3人称単数現在形の「s」「es」、また日本語ではあまり表現することのない〝複数〟を意味する「s」「es」の表記に注意をして、その状況をイメージして和訳してください。

⑧修飾《しゅうしょく》と被修飾《ひしゅうしょく》の関係を（後で消せるよう鉛筆《えんぴつ》で）カッコや矢印で明記します。修飾《しゅうしょく》（説明する側）と被修飾《ひしゅうしょく》（説明される側）の関係をとらえるクセづけをしてください。副詞を〈　〉《山カッコ》でくくり、前置詞＋名詞を（　）《丸カッコ》で、関係詞節を［　］《角カッコ》でくくる等。

例）The boy [whom I know] 〈usually〉 goes (to the park).

⑨日本語を大事にしましょう。どれだけ英文の中身を理解していようとも、訳した日本語の表現がおかしかったらダメなのは当然のことです。一度全文を訳したら、必ず自分が書いた和訳文を通読してみましょう。少しでもおかしいと思う箇所《かしょ》が

あれば、面倒《めんどう》でもそのままにせず、もう一度考えてみてください。ここで放置するか、考え直すかが、読解力《どっかいりょく》向上の分かれ目となります。ただし、一度真剣に考えたものであればあるほど、なかなかそれを変えるのは難しいものです。よって、「おかしい」と感じる部分に青い線を引いておいて、後で解説を読むときに、そこを重点的に調べやすいようにしておきましょう。

⑩解説は、隅々《すみずみ》まで読むことです。全訳と自分の訳とを比べるだけではなく、解説の部分もしっかり読んでください。英語では、細かい解説や例外規則について把握《はあく》しておくことが非常に重要であるからです。文法的な説明がわからなかったら、まず文法書で確認をし直して、それでもわからなかったら、学校の先生に質問ができるようにしておきましょう。

基礎力《きそりょく》がついてきたら、英文法の「なぜ?」がわかるよう編集されている『総合英語Forest《フォレスト》』（石黒昭博 監修《かんしゅう》／桐原書店 刊）を使って、本格的に英語力を伸ばしてください。

---

①この教材（以下、フォレスト）で文法を学ぶ際に大事なことを最初にお伝えします。

「文法」と聞いて、即座《そくざ》に「形容詞とか副詞とかのお話でしょ……おもしろくないんだよね!」と思った人はいませんか? その感覚は〝間違っていない〟と思います。今までみなさんが学校などでやってきた英文法の学習は、用語がやたら難しいだけでなく、〝何のために学んでいるのか〟がよく説明されずに進められがちです。それで、みなさん、文法への印象が悪いのです。

でも、本当は「文法」って「すごく使える」ものなのです。

一般的《いっぱんてき》なジグソーパズルを思い浮かべてみてください。もし全体の写真がなかったら、あるいはもしピースの凸凹《でこぼこ》が全て同じ形だったら……みなさんは、そのジグソーパズルを完成させられるでしょうか? かなり難しいはずですし、そもそも〝目標となる絵〟がないジグソーパズルはおもしろいでしょうか? 文法を勉強せずに英語の文章を読み書きするのは、そんな意味不明なジグソーパズルを解く作業にも似《に》ているのです。

逆に言うと、「文法」がわかると、英文を〝読む・書く〟というパズルは、急にかんたんで、おもしろいものに変わってきます。

もちろん英語はまず文法ありき……ではありません。文法はしょせん後付けの理論です。ですので、さまざまな「例外」を含みます。よって、基本的《きほんてき》に文法を「覚えること」は大事ですが、実際に文章の中でどのように使われているかを理解することも大事です。

最初に、この辺を頭に入れておいてください。

②さて、フォレストは、1章が3つのパート（ただし一部は2つのパート）に分かれています。「パート1：これが基本《きほん》」「パート2：理解する」「パート3：深く知る」です。どのパートもイラスト付きでわかりやすく解説されています。

パート1の「これが基本《きほん》」では、各章で学習する〝文法項目の基本的《きほんてき》な概念《がいねん》〟をまとめています。

パート2の「理解する」は、中学で学ぶレベルの〝文法の基本《きほん》事項〟です。パート3の「深く知る」は、高校で学ぶ内容や、それより一歩踏み込んだ内容と考えてください。

この教材がおすすめである理由の1つは、「例文に使われている単語がかんたんである」ということです。多くの文法書が世の中には存在しますが、それらの文法書の例文は難しい単語で説明されていることが多く、いちいち辞書《じしょ》を引かないと例文の意味が取れない……なんて事態になりやすいのです。それですと、いったい単語の学習をしているのか、文法の学習をしているのか、わけがわからなくなりがちです。その点、フォレストは、難しくても高校1年生で習う単語（多くは中学校で習う単語）で例文が構成されているので、非常に学びやすいと思います。

また、この教材の特色として、「チェックテスト」が随所《ずいしょ》にもうけられていることと、（別冊になりますが）フォレストに準拠《じゅんきょ》した大量の練習問題が用意されていることが挙《あ》げられます。ですので、問題演習をたっぷりやりたい方には、フォレスト・シリーズの問題集を並行活用することも強くおすすめします。

③では、フォレストを使った具体的な勉強法をお教えしましょう。

まず、絶対にやってはいけない勉強法を記します。

NGその① ペンも持たず、ただ本の記述を目でおって理解したつもりになる。

NGその② 重要そうなところにマーカーを引いて、全部読んで終わりにする。

NGその③ 知っていることだと思ったらそこは飛ばして、知らないところや難しそうなところだけ読んで終わりにする。

――こうした3つのやり方は、多くの自学自習者が学校の教科書を相手にやりがちな方法だと思います。しかし、これでは、結局「わかったつもり」「勉強を、時間をかけてやったつもり」になるだけ。よほどの天才でもない限り、効果的に学習ができたとは言えません。

では、「効果的な学習法」とは、どんなものでしょうか？

①自分にとっての○と×に分ける（わかっているところ・いないところの選別）

フォレストは、1章を細かく分けてあり、パート2と3にはほぼ各項目ごとに1〜4つ程度の例文が載《の》っています。そこで、この例文の「英文」を紙などで隠し（Amazon《アマゾン》等で買える「ゼブラ 暗記用 新チェックセット」などを活用すると、より便利です）、和訳だけ見て、実際にノートにその英訳をしてみてください。もしもスラスラできて、しかも正解だったら、そこの文法は「口でうまく説明できるかどうかは別として」身についている！　ということになります。その場合、そこの項目には○をつけて、軽く読むのでＯＫです。逆に、スラスラできなかったところには×をつけて、「なるほど！」と理解できるまで、解説を隅々《すみずみ》まで読んでください。もしそれでも「なんとなくしかわからない……」という状態ならば、例文の横に大きく「？」印をつけておき、学校の先生に後で質問できるようにしておきましょう。

こうして、×が消えるまで、×がついている例文を何度も書くテストをします。とにかく「例文」を英訳しながら、文法を理解していくことが大切です。

②本の中のチェックテストを解く

この①のやり方である程度フォレストを進めていくとチェックテストが出てきます。その問題は必ずノートに書いて解いてください。頭の中でなんとなくやってみて、なんとなく答えと見比べて……という作業は、絶対にしないでください。

受験をするときには、必ず紙に書くでしょう？　なのに、その練習のときに違う方法をとるのは、効果的ではありません。走り幅《はば》跳《と》びの練習を〝脳内で〟だけ続けて、そのまま本番に臨《のぞ》むようなものです。

本番の試験は「頭の中で考えて終わり」ではありません。紙に書いて提出します。練習のチェックテストでも、必ず答えを紙に書いてください。そして、答え合わせをしてください。

もしも間違いがある場合は、その途中《とちゅう》までの学習内容が不確かなはずです。必ず、その文法項目に戻《もど》って読み直してください。「自分に足りない知識が何か」どうしてもわからないなら大きく「？」印をつけ、学校の先生に質問をしましょう。

③別冊問題集にチャレンジ

①、②のやり方で勉強したら、別売りのフォレスト準拠《じゅんきょ》の問題集に挑戦《ちょうせん》してみましょう。これも、必ず紙に書いて解いてください。わからない単語が出てきたら、線だけ引いておいて（後で辞書《じしょ》で調べやすくするために）、その場では辞書《じしょ》は一切使わずに意味を推測《すいそく》して和訳文を作成してください。和訳などの問題では、仮に

わからない単語があったからといって、絶対に空白にしないこと。必ず、何らかの解答を書くクセをつけてください。

そうして、全部解き終わったら、答え合わせを自分でしましょう。そして、間違った問題に関しては、フォレストの該当箇所《がいとうかしょ》に戻《もど》って、どこの理解が足りなかったのか確認します。ここでも、「自分に足りない知識が何か」どうしてもわからなかったら、「?」印をつけておいて、後で学校の先生に質問しましょう。

④最後に、わからなかった単語を辞書で調べる

チェックテストの範囲分の学習が①〜③ですべて済んだら、③のときに自分で線を引いた、わからなかった単語を1つ1つ、必ず辞書《じしょ》で調べましょう。その際、辞書《じしょ》に書いてある他の訳語の例文などもすべてしっかり読んでください。それにより、その単語の持つニュアンスや、さまざまな訳にある程度共通したイメージを自分の中に定着できるよう意識して読みましょう。

フォレストの活用法は、以上です。このようにしてフォレスト1冊まるまると

準拠《じゅんきょ》問題集で学習するだけで、〝異常なほど〟英語の力が伸びます。それは過去の先輩《せんぱい》たち（僕《ぼく》の教え子たち）が証明してくれています。

ただし、これだけしっかり勉強するには、すごく時間がかかります。1章＋準拠《じゅんきょ》問題集を学習するのに2時間はかかってしまうかもしれません。

でも、よく考えてみてください。この本の学習範囲を、全部で24回程度に分けたとすると、たった24回の学習で、高校3年分の英文法の知識（多くの人にとって、一生分の英文法の知識と言っても良いでしょう）をマスターできるわけです。週3回学習すれば、わずか2ヶ月程度で終わります！

この文法書の学習が終われば、後は実戦問題集をどんどんやっていって、弱点を穴埋《あなう》めしていくだけで良いのです。つまり、このフォレストでの学習をどれだけきちんとこなしたか――こなせるか――で、センター試験の結果が200点にもなれば、80点止まりにもなるわけです。

「英語が苦手だ」という人は非常に多いのですが、英語は、他の教科に比べて「必ず誰《だれ》もが」より伸びやすい教科だと思います。とりわけ、このフォレストと準拠《じゅんきょ》問題集をここに記したやり方で徹底的《てっていてき》にくり返せば、必ず「英語の鬼《おに》」と呼《よ》ばれる存在に、あなたも絶対なれます。

国語

◆現代文（評論）の学習

みなさんは今までどのように現代文を勉強してきましたか？　学校の黒板に書かれた内容をそのまま写して、よくわからないまま授業が進んでしまっていませんか？　それで、なんとなく現代文の点数がさえない、良くない、でも点数の上げ方がわからない、という人も多いのではないかと思います。

その主な原因の多くは「言葉の定義」をはっきりと理解していないことです。たとえば急に、「権利」の正確な意味を説明してください、と言われたら答えられますか？　難しいですよね？　ですので、定義が説明できない言葉に出会ったら、その場でドンドン辞書《じしょ》を引く習慣をつけていくことが、最初に、非常に重要です。

その上で、現代文を自学自習する手順をご説明しましょう。

とりあえず、「問題文（長文）を読む前に、まず設問から読む」のは良いのですが、その後、「いきなり問題を解かない」ことを意識してください。その前にやってほしいことがあるからです。

---

①まず、わからない言葉に傍線《ぼうせん》をつけて、その言葉の意味を国語辞典で調べましょう。そして、そうした言葉を、調べた意味とセットでノートに書きためていきます。このノートが後々とても重要になってきます。

②次に、よくわからない「文」があれば、そこに波線を引きます。そして、接続詞に△をつけて、その周りの文の話題の変化に注目します。さらに、重要だと思う

「文」があれば、そこに二重線を引いてください。

③ここまでしてから、形式段落ごとに内容の要約《ようやく》をしましょう。形式段落というのは、要は、文頭が一文字分凹《へこ》んでいるところから始まる〝文のまとまり〟のことです。これを1段落ずつ、要約《ようやく》していってください。え、「要約《ようやく》」という言葉の「定義」は何かって？　わからなかったら今すぐ辞書《じしょ》で引いてみましょう。

要は、「話や文章の重要な点を短くまとめること。またそうしたもの」を「要約《ようやく》」と言うのです。つまり、文章の重要な部分だけを抜き出して、そのまま写すだけではダメなのです。

では、「要約《ようやく》」は、どう進めたら良いのでしょう。実は、「重要な部分を、自分の言葉で短く、わかりやすく言い換える」――これだけで良いのです（このためにも、語彙力《ごいりょく》がない＝言葉の知識に乏《とぼ》しい人には、①のノートが重要となります）。この「要約《ようやく》」のクセをつけると、その文章の内容を本当に自分が理解できているか、常に確認できるようになります。最初に「要約《ようやく》」をして、問題を解く前に、まず文章の内容をきちんと理解しているのかどうかを確かめてください。もしも可能なら、要約《ようやく》ができあがったら、学校の先生や保護者《ほごしゃ》の方に提出し、内容が合っているかどうか確認をしてもらえれば、なお良いでしょう。

④そうしてから、問題を解きます。解き終わったら、自分で答え合わせをして、解説を読みましょう。それでもよくわからないところがあれば「?」マークをつけておき、後で学校の先生などに質問できるようにしておいてください。

――こうして現代文の問題集をこなしていけば、見違えるほど、現代文の成績《せいせき》は上がっていくはずです。

◆古文の学習

古文の自学自習には、『書き込み式・20日間完成　文語文法〔高校初級用〕』（中原敬一編／日栄社刊）を使用しましょう（日栄社の古文教材は全般的《ぜんぱんてき》におすすめです。基本《きほん》、薄《うす》いですし、初学者には最高です）。この本では、上に「解説」が、下に「問題」が掲載《けいさい》されています。

①まずは、上の「解説」を読んで理解しましょう。それでもわからないことがあれば、Z会の『古文上達　基礎《きそ》編　読解と演習45』（仲光雄著）を参照しましょう。

②次に、「解説」の理解度を確かめるべく、上の「解説」を見ないで、下の「問題」を、別途《べっと》用意した紙やノートに解いてください（後から何度もくり返し問題を解き直すので、本に解答を書き込まないこと）。そして、間違えた問題にはチェックマークをつけ、それに関連する解説を読んだり、文法書を参照したりしてください。

③チェックマークをつけた問題を後日、解き直します。そして合っているかどうかの確認をし、また間違えていたら、チェックマークを1つずつ追加していきましょう。最終的に全部の問題が正解になるまでこれをくり返せば良いのです。

古典《こてん》文法に関しては、こうして『書き込み式・20日間完成　文語文法』をくり返しこなすだけで、大きく成績《せいせき》を伸ばすことが可能です。

なお、古文の点数が悪くて、それを伸ばしたいと思う人にアドバイスをしますと、あなたの志望校の入試問題で、その分野の配点はどれぐらいでしょう？　それをまず知ってから、学習時間を決めてください（つまり、配点がすごく低いなら、あまりがんばらなくても良い、ということです）。

数学

数学は、最終的には「計算力」の勝負となります。
自然数・分数・虚数《きょすう》・記号などをまじえた「計算」をいかに速く正確にできるか——
それが特に「微分《びぶん》・積分《せきぶん》」をやる段階（数学Ⅲ）で圧倒的《あっとうてき》に重要になります。それこそ、
1つの式の計算を15分ほどかけてひたすらがりがり解いていくことがザラにあるので、
大量の数値・記号処理を（脳内の短期記憶《ワーキングメモリー》で保持しながら）高速にこなせないといけません。
ですから、「発想力」や「公式を組み合わせる力」も確かに大切なのですが、まずは

何より「計算力」が大切なのです。
数学が得意な人は、「ソロバン」や「公文式《くもんしき》」などを小さいときにやっていた人が多いです。それはやはり、圧倒的《あっとうてき》に「計算力」の面で優位に立っているからと言えます。そしてこれこそ地道な努力を重ねる必要があり、「短期間」では身につけにくい力でもあります。ですので、「計算力」向上に、2~3年かけるつもりでがんばりましょう。

ゼロからと考えると、おすすめの教材は、「百ます計算」で有名な陰山英男《かげやまひでお》先生の『陰山《かげやま》メソッド　徹底反復《てっていはんぷく》』シリーズ（小学館刊）です。小学生や中学生なら、これを教材が指定するペースでやっていけば良いでしょう。

これをもしも高校生が、理系の難関《なんかん》大学を目指して、実力ゼロの状態から学習し始めるということであれば、この『徹底反復《てっていはんぷく》』シリーズのドリル1冊を2日で終わらせるペースでやっていきましょう。それだけの分量を毎日特訓《とっくん》して、これを数年続けるレベルの集中的な反復が必要です。

これが、文系の国立大学を目指すために「数学」が必要ということであれば、1冊を

1週間で終わらせるペースで、毎日やるのでOKです。

『陰山《かげやま》メソッド　徹底反復《てっていはんぷく》』シリーズと同時に、『チャート式　基礎《きそ》からの中学数学総《そう》仕上げ』（数研出版編集部 編／数研出版 刊）を併用《へいよう》すると、いっそう効果的です。この教材は、1週間程度で一気に終えてください（例題や解説を先に見てから解くのでも良いので）。

とにかくポイントは、「自分の頭で考えて解く」というよりも、「まずは解き方を知る」とか「パターンを把握《はあく》する」という意識で、量を多くこなしていくことが大切です。

漢字の学習で、「海・池・湖・潮……」と学んだ後に「サンズイは、水を表わしているんです」と言われて、「なるほど～」と理解が深まり、そこからほかの法則性も見いだしていく——という学びのスタイルに似《に》ています（これを心理学では、「分習法で学習した後に、全習法で学習する」と表現します）。

こうして中学数学を学習し終えたら、その後は、『新課程 チャート式　基礎《きそ》と演習 数学Ⅰ＋A』と『新課程 チャート式　基礎《きそ》と演習 数学Ⅱ＋B』（ともにチャート研究所 編／数研出版 刊）を使用してください。ともに、通称「白チャート」と呼《よ》ばれる教材です。

ポイントは、（理系志望者でも文系志望者でも）この2冊をそれぞれ1ヶ月ずつで終わらせるという目標を立てることです。ぜひ、1日でこなすべき量を逆算して、毎日の計画を立ててください（だいたい、1冊を30分割して毎日やるわけです）。

そうして1日分の範囲を学習したら、翌日には、その同じ範囲の「奇数《きすう》番号の例題や演習問題」を改めて解き直してください。それが70％以上正答だったら、次の範囲（今日の分）に移ります。ダメだったら、その範囲をもう一度最初からやり直します（この結果、1ヶ月で1冊を終えられなくても仕方がありませんが、それでも1日にこなす量は減らさないこと）。

こうして、まず『数学Ⅰ＋A』の全内容を終えたら、同じように『数学Ⅱ＋B』の内容をやっていきます。それと同時に『数学Ⅰ＋A』の「偶数《ぐうすう》番号の例題や演習問題」も、毎日1範囲分ずつ解いていって、「忘れていないか」チェックしてください（たいへんに思えるかもしれませんが、実際は一度『数学Ⅰ＋A』を終えた後なら、かなり楽勝になっているはずです）。

『数学Ⅰ＋A』と『数学Ⅱ＋B』の学習が「白チャート」で完了したら、次は通称「黄チャート」（『新課程 チャート式 解法と演習』シリーズ）の『数学Ⅰ＋A』と『数学Ⅱ＋B』を同じやり方でこなしましょう。

そしてそこまで終われば、後は大学ごとの傾向《けいこう》によってやるべき教材が変わってきます。ですので、まずは過去問を「解答を見ながら解く」ことをしてみてください。

いずれにせよ、数学に関しては、まずは「計算力」を身につけ、「解法のパターン」を身につけることです。それがないと、「発想力」など持ち得ません。ですので、まずはそれらを身につけることから始めましょう。そして、過去問の数学を調べて、必要だと思ったなら、「黄チャート」の『新課程 チャート式　解法と演習 数学Ⅲ』へと進み、同様のやり方をしていきましょう。

理科

理科を学ぶ上で、最初に「物理」「化学」「生物」のどれを選択《せんたく》するかは、受験戦略上、非常に重要です。ちなみに「地学」は、高校で教わらない方も多いので、ここでは省《はぶ》きますが、実際は超《ちょう》おすすめの学科です。暗記科目であるにもかかわらず、暗記すべき範囲が狭《せま》く、本気を出せば数週間の学習でセンター試験で9割を取れる教科です。

さて、前提《ぜんてい》として、「生物」は基本的《きほんてき》に暗記の要素が多い上、「概念《がいねん》」が少ないので、とても学習しやすい教科です。しかし、本当は一番「複雑」と言ってもよい教科です。よって、（本書第5章でも少し触《ふ》れましたが）センター試験レベルにおいて0点から60点を取る上では、学習時間が一番少なくて済む、手っ取り早く成績《せいせき》を上げやすい科目と言えます。しかし、そこから80点以上を目指す場合は、かなりハードルが上がるのが「生物」です。〝一見気さくで、友達にはなりやすい。けれど、あまり腹の底を見せないので、親友かどうかは不安になる〟というタイプの人間と似《に》ています。

いっぽう「物理」の場合はまず、数学同様に「計算力」を身につけ、解法パターンを覚える必要があります。さらに、出てくる「概念《がいねん》」も抽象的《ちゅうしょうてき》で、一般的《いっぱんてき》な知識では「納得《なっとく》」しにくいため、とっつきにくい科目です。よって、センター試験レベルにおいて0点から60点まで上げるのに、一番苦労する科目です。しかし、いったん60点が取れるようになると、一気に80点が取れるようになりやすい科目でもあります。もちろん、そうなれば、100点だって十分狙《ねら》えます。つまり、〝最初は無愛想《ぶあいそう》だが、一度仲良くなると親友になりやすい〟タイプの人間に似《に》ています。

「化学」はまず、暗記量がとても多い科目です。しかし、基本的《きほんてき》には「論理的」ですし、学習量さえ多くこなせば、着実に高得点を狙《ねら》えます。そういう意味では英語に近い科目です。初学者にはハードルが相当高い科目ですが、英語が得意な人なら「化学」も得意になりやすいでしょう。逆に英語が苦手なら、「化学」は選ばないほうが無難かもしれません。

——以上から、理科で高得点を取らなくても良い「文系」の人は「生物」を選択《せんたく》し、高得点が必要な「理系」の人は「物理・化学」を選択《せんたく》するのがおすすめです。

いずれにせよ、これらの各科目は「2～3年かけて学習する」というよりは、2ヶ月程度の短期間で、一気に学習したほうが効率《こうりつ》が良い科目と言えます。「もうあまり時間がない！」という受験生なら、高校3年生の夏休みと冬休み、そしてセンター試験の前にがっつり学習するという方針でも良いかと思います。

「生物」では、とにかく「学習内容の図示」を試みましょう。自分自身で絵をどんどん描くのです（逆に、絵が苦手で、図示が苦痛な人は、「生物」には不向きかもしれません）。そして、基本的《きほんてき》には、教科書を読みながら傍用《ぼうよう》問題集を解きつつ、（「数学」のところで紹介《しょうかい》した）〝次に進む前に、もう一度、その前の単元の奇数《きすう》問題を解き直す〟チェックテスト＆復習方式をとりましょう。その際、辞書《じしょ》代わりとしておすすめなのは、『生物Ⅰ要点ハンドブック――試験に強い！』（文英堂編集部 編／文英堂 刊）です。

「物理」に関しても、やはり教科書を読みながら傍用《ぼうよう》問題集を解くのが基本《きほん》です。教科書でAという1単元を学んだら、必ず次の日に、傍用《ぼうよう》問題集内の同じ単元Aの奇数《きすう》番号の問題を解いて、知識が定着しているかチェックテストをしてください。そして、その日のうちに教科書で次の単元Bを学習します。そうしておいて、その翌日（3日目）には、傍用《ぼうよう》問題集内の単元Bの奇数《きすう》番号を解きつつ、その前の単元Aの偶数《ぐうすう》番号の問題を解いて復習をしてください。これをくり返していって、基礎的《きそてき》な知識の整理と問題演習を終えたら、『名問の森　物理』シリーズ（浜島清利 著／河合出版 刊）を使って、同様の解き方をしていきます。こうしておいてから、センター試験や2次試験の過去問を解いて、頭から抜けてしまっている知識を再確認し、そこを教科書&傍用《ぼうよう》問題集をやり直して思い出す——これをくり返していってください。

「化学」に関しても、教科書を読みながら傍用《ぼうよう》問題集を解くことで基本的《きほんてき》な知識を身につけるのが大切です。『化学Ⅰ・Ⅱの新研究—理系大学受験』（卜部吉庸《うらべよしのぶ》 著／三省堂 刊）を辞書《じしょ》代わりに使いながら、『化学重要問題集—化学基礎《きそ》・化学』（数研出版編集部 編／数研出版 刊）で学習するという、一番オーソドックスな学習法をおすすめしておきます。

世界史・日本史

歴史を学習する際、「先生が黒板に書いていることをノートやプリントに写して、その内容と教科書に書いてあることをそのまま暗記して終わり」にしている生徒が多いものです。しかし、それは「暗記科目」として歴史を学習するやり方にすぎません。

　でも実は、歴史は単なる暗記科目ではありません。歴史というのは、栄光と挫折《ざせつ》、怒りや憎しみや嫉妬《しっと》や愛、おごり高ぶり、金や異性や権力への欲望などが深くからみ合った「人間ドラマ」なのです。

　たとえば、「ある人が家出をした」という結果には、必ず原因があるもの。「2017年11月9日、X君が家出をしました」という事実だけを覚えるのであれば、それはただの暗記ですが、たとえば「X君が友達を助けるために学校を休んだ→理由も聞かれず、親に疑われ、『なまけ者に未来はない』とひどく怒られた→X君が家出をした」といった形で、必ずそこには因果《いんが》関係や登場人物の感情のもつれが存在しているはずなのです。

　歴史に関しても、ぜひその因果《いんが》関係や登場人物の感情を意識し、その原因と結果の関係性を「図」のような形でノートにまとめていってほしいと思います。

　そうしたまとめの際にもう1つ意識してほしいのは、教科書や参考書での「段落」と「接続詞」です。これが、歴史的な出来事の因果《いんが》関係をつかむ上で、大きなヒントになってきます。

なお、歴史上の人物や勢力のとった行動に関する因果関係《いんが》を図にまとめるときには、必ず1回、教科書や参考書を閉じてからやってください。

「それではうまくまとめられない」と思ったら、もう一度教科書や参考書を開き、「こうなったから、この人が屈辱《くつじょく》を感じて、こういう結果になったのだ」などという因果《いんが》関係を頭の中でまとめてから、再び教科書や参考書を閉じて、まとめにかかってください。

こうすることで、自分の中で何が理解できていて、何が理解できていないのかが、どんどんわかるようになっていきます。

歴史の教科書は400ページ前後あったりしますので、まとめなければいけない量は、少なくはありません。しかし、だからこそ、1冊やり終えたときの達成感はすごいものです。そうした達成感が記憶《きおく》の定着にも役立ちますので、ぜひめげずに、がんばってみてください（やるうちに、歴史の楽しさもわかってきますので）。

もちろん、KADOKAWAなど出版各社から出ている歴史マンガや人物伝マンガなども、そうした因果《いんが》関係の把握《はあく》には大いに役立つでしょう。

まずはマンガで一通りの流れをつかめたら、学校で使用している教科書や、あるいは日本史なら『詳説《しょうせつ》日本史B』（笹山晴生ほか 著／山川出版社 刊）を利用して、ぜひ因果《いんが》関係をまとめたノートの作成にかかってください。

その際、辞書《じしょ》代わりには、『日本史用語集―A・B共用』（全国歴史教育研究協議会 編／山川出版社 刊）を使うと良いでしょう。

それから、『一問一答日本史B用語問題集』（日本史一問一答編集委員会 編／山川出版社 刊）を使って、基本の用語を覚えれば、どんな私大の入試問題でもクリアできると思います（正直、これを完璧《かんぺき》に仕上げれば、私大の入試は80％は取れます。センター試験なら90％は取れます）。

さらに、国公立や一部私大の「論述」に対応するためには『日本史論述問題集』（宇津木大平ほか 編／山川出版社 刊）を使ってください。ただ、日本史の論述問題の採点は一人では少々難しいでしょうから、学校の日本史の先生にチェックをお願いしてみると良いでしょう。

世界史に関しては、やはり山川出版社の『詳説《しょうせつ》世界史B』（木村靖二ほか 著）、『世界史用語集』（全国歴史教育研究協議会 編）、『一問一答世界史B用語問題集』（今泉博 編）、『詳説《しょうせつ》世界史論述問題集』（茨木智志ほか 編）を同様に活用するのがおすすめです。

バクノビ
子どもの底力を圧倒的に引き出す339の言葉

2017年11月30日　初版発行

著　者　　坪田信貴
発行者　　郡司 聡
発　行　　株式会社KADOKAWA
〒102-8177　東京都千代田区富士見2-13-3
プロデュース　アスキー・メディアワークス
〒102-8584　東京都千代田区富士見1-8-19
電話　0570-064008（編集）
電話　03-3238-1854（営業）
印刷・製本　大日本印刷株式会社

ISBN978-4-04-893322-3　C0095

小社ホームページ　http://www.kadokawa.co.jp/
編集ホームページ　http://asciimw.jp/

語録収集　岩田 大（坪田塾）
カバー&本文デザイン　坂川栄治＋鳴田小夜子（坂川事務所）
本文イラスト　成瀬 瞳
編集　工藤裕一（アスキー・メディアワークス事業局 第2編集部 単行本編集部）
編集協力　田島美絵子　黒津正貴（同 単行本編集部）
組版システムEWB　田中禎之

アスキー・メディアワークスの単行本：http://amwbooks.asciimw.jp/
編集者ツイッター：@digi_neko